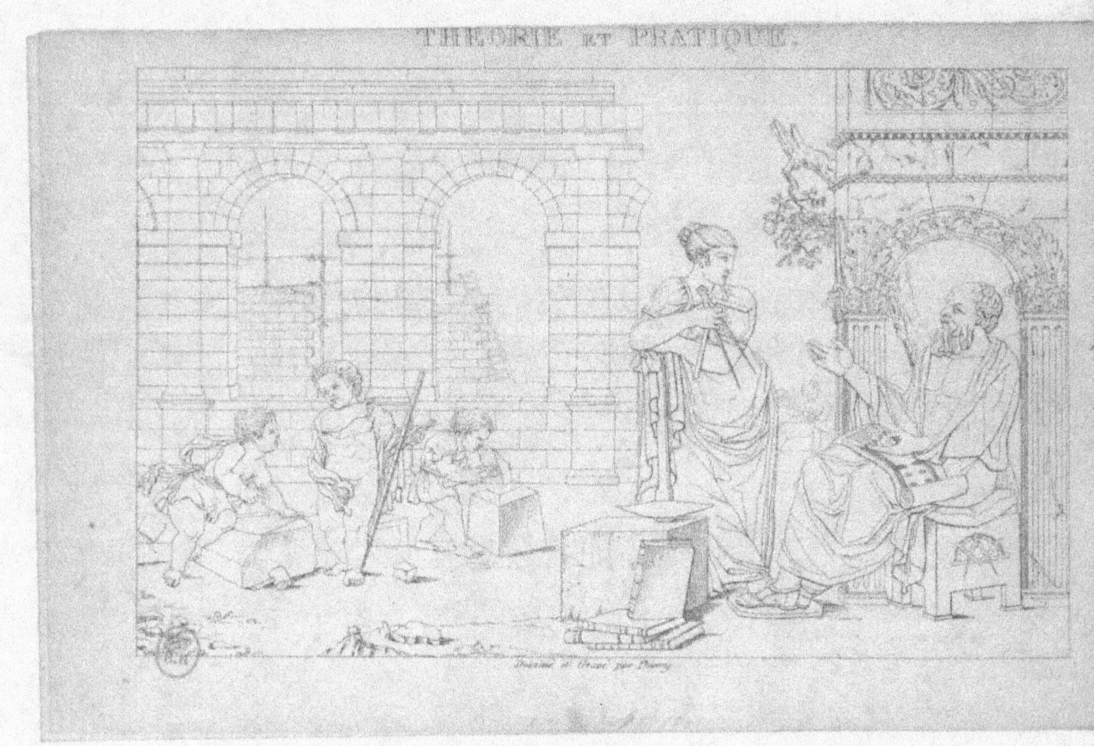
THÉORIE ET PRATIQUE.

MÉTHODE GRAPHIQUE ET GÉOMÉTRIQUE,

ou

LE DESSIN LINÉAIRE

APPLIQUÉ AUX ARTS EN GÉNÉRAL, ET EN PARTICULIER A LA PROJECTION DES OMBRES, A LA PRATIQUE DE LA COUPE DES PIERRES, A LA PERSPECTIVE LINÉAIRE, ET AUX CINQ ORDRES D'ARCHITECTURE;

OUVRAGE

Utile à tous les Artistes et Ouvriers employés à la construction et à la décoration des édifices; aux Maçons, Tailleurs de Pierres, Marbriers, Charpentiers, Serruriers, Menuisiers, Peintres-Décorateurs, et généralement à tous ceux qui exercent des arts mécaniques et industriels;

Par THIERRY Fils,

GRAVEUR, ÉDITEUR DU VIGNOLE DE POCHE.

DEUXIÈME ÉDITION, REVUE ET CORRIGÉE

PAR F.-C.-M. MARIE,

Professeur de Mathématiques et de Topographie.

PARIS,

BACHELIER, IMPRIMEUR-LIBRAIRE DU BUREAU DES LONGITUDES, DE L'ÉCOLE POLYTECHNIQUE,

Quai des Augustins, 55.

1846

Ouvrages de F.-C.-M. MARIE qui se trouvent chez le même Libraire.

PRINCIPES DU DESSIN ET DU LAVIS DE LA CARTE TOPOGRAPHIQUE, présentés d'une manière élémentaire et méthodique, avec les développemens nécessaires aux personnes qui n'ont pas l'habitude du dessin; accompagnés de 9 modèles, dont 8 sont coloriés avec soin. 1 vol. in-4° oblong; 1825. . . . . 15 fr.

PRINCIPES DES ÉCRITURES, EN CARACTÈRES ORDINAIRES ET EN CARACTÈRES MOULÉS, APPLIQUÉS AUX PLANS ET AUX CARTES, dans lesquels on fait connaître les proportions et les dispositions des Écritures dans les Plans, etc.; suivis de 10 modèles gravés avec soin. 1 vol. in-4° oblong; 1829. . . . . 6 fr.

TABLES DE LOGARITHMES, par Jérôme de Lalande, ÉTENDUES A SEPT DÉCIMALES; précédées d'une Instruction par M. Reynaud, examinateur. 1 vol. in-12 (édition stéréotype, 1829). Tirage de 1845. . . . . 3 fr. 50 c

GÉOMÉTRIE STÉRÉOGRAPHIQUE, ou RELIEF DES POLYÈDRES, POUR FACILITER L'ÉTUDE DES CORPS; en 25 planches gravées, dont 24 sur carton et découpées; d'après l'ouvrage anglais de Jens Longe Cowley; avec des Notes contenant les démonstrations des formules pour calculer les Tables des surfaces et volumes des Polyèdres réguliers. 1 vol. in-8°; 1835. . . . . 6 fr.

IMPRIMERIE DE BACHELIER,
rue du Jardinet, 12.

AVERTISSEMENT.

L'art du Dessin linéaire embrasse plusieurs parties distinctes, quoique fondées sur un même principe, et dont l'étude est également indispensable dans l'exercice des professions qui se rattachent aux arts mécaniques et industriels. La nécessité de cette étude, aujourd'hui généralement reconnue, a fait naître un nombre considérable d'ouvrages sur chacune des parties de cet art, qui, traitées ainsi isolément, présentent beaucoup trop d'étendue pour les besoins de la pratique. Il devient donc difficile, souvent même impossible, pour le plus grand nombre, de se procurer tous les livres nécessaires pour étudier cet art dans son ensemble.

Cet état de choses faisait vivement désirer la publication d'un Cours complet de Dessin linéaire, simplifié et mis à la portée de toutes les classes, à l'aide duquel l'élève pût, au besoin, se conduire seul et sans maître, depuis le tracé des plus simples épures jusqu'à celui des projections les plus compliquées.

Ayant adopté le format le plus économique, dans la vue de rendre ce livre d'une utilité plus générale, il en est résulté que les figures des planches, assez grandes pour que l'élève puisse, à l'aide de l'explication, en saisir facilement le principe, seraient cependant d'une trop petite dimension dans les exercices purement manuels du Dessin linéaire. Dans l'exécution des épures, il conviendra donc de construire les figures au double de leur grandeur sur les planches.

Cette seconde édition de l'ouvrage de feu Thierry a été revue et corrigée, tant pour le texte que pour les planches.

On donne la description de deux instruments en usage dans le Dessin linéaire, le compas de proportion et celui de réduction. Plusieurs explications ont été développées d'une manière concise, afin de ne pas s'éloigner du but que s'était proposé l'auteur de cet ouvrage.

Lorsqu'on renvoie à une planche, sans aucune désignation, cette planche est dans la partie dont on s'occupe; autrement le renvoi indique la partie où se trouve la planche citée. Par exemple, page 57, deuxième colonne, ligne 12, et page 59, deuxième colonne, lignes 6 et 7 en remontant.

TABLE DES MATIÈRES.

a

DEUXIÈME PARTIE.

DES CORPS SOLIDES

Applicables à la Coupe des Pierres,

OU COMPOSITION ET DÉCOMPOSITION DES CORPS.

TROISIÈME PARTIE.

PROJECTION DES OMBRES.

QUATRIÈME PARTIE.

PRATIQUE DE LA COUPE DES PIERRES.

CINQUIÈME PARTIE.

PERSPECTIVE LINÉAIRE.

SIXIÈME PARTIE.

DES CINQ ORDRES D'ARCHITECTURE.

FIN DE LA TABLE DES MATIÈRES.

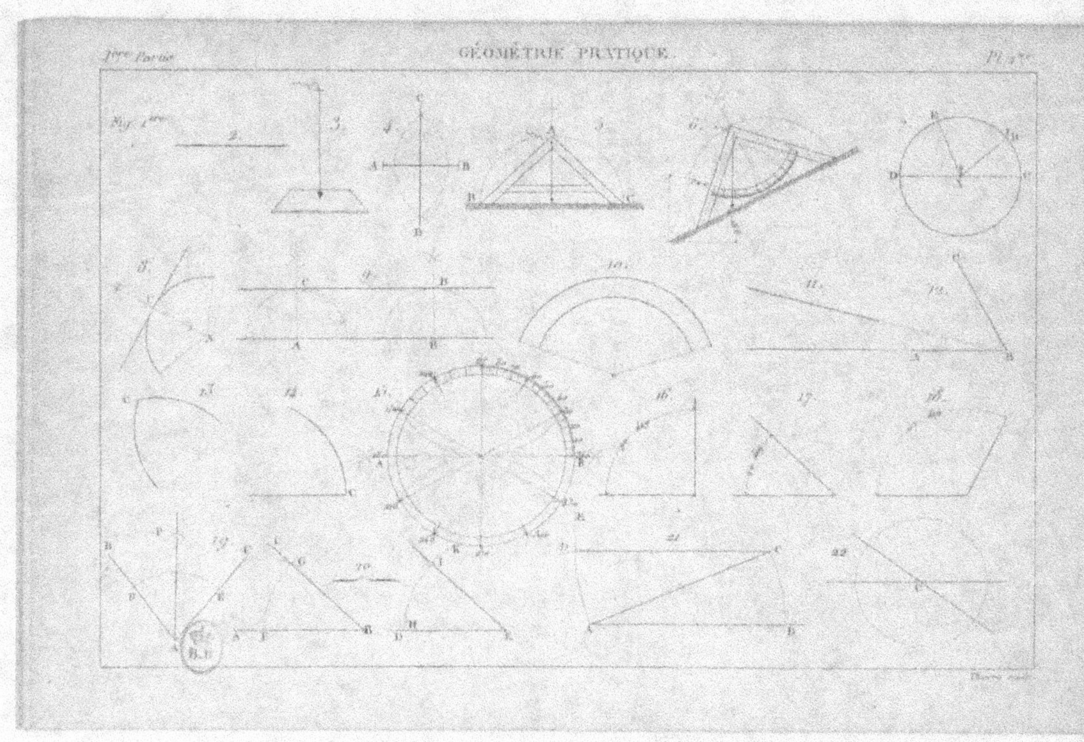
GÉOMÉTRIE PRATIQUE.

PREMIÈRE PARTIE.

GÉOMÉTRIE PRATIQUE.

La Géométrie est la science de *l'étendue*. Dans l'étendue on peut considérer la longueur, la largeur et la profondeur. La *ligne* est l'étendue en longueur : l'extrémité d'une ligne se nomme point. La *surface* ou *superficie* est l'étendue en longueur et largeur. Le *solide* ou *corps* est l'étendue en longueur, largeur et profondeur ou hauteur.

Ainsi il y a trois genres d'étendues :

La longueur, la largeur et la hauteur se nomment chacune *dimension*.

Nous exposerons succinctement les principes nécessaires pour faire connaître l'étendue et en déterminer les formes.

Planche 1re.

Figure 1re. — *Du point.*

Ce qu'on considère comme n'ayant aucune étendue se nomme le *point*; il sert à déterminer d'où l'on part pour tracer une figure quelconque. On nomme *figure* un tracé géométrique.

Fig. 2. — *De la ligne droite.*

L'étendue, considérée seulement suivant sa longueur, est ce qu'on nomme la *ligne*; elle est formée d'une infinité de points ali-gnés dans une même direction, et sert à déterminer une distance; elle se trace par le moyen d'une règle ou d'un cordeau.

L'étendue en surface plane ou superficielle est considérée comme n'ayant aucun corps ni aucune épaisseur, et se termine par un contour quelconque, tel qu'un cercle, un triangle, un carré, etc.

Fig. 3. — *De la ligne aplomb ou verticale.*

La ligne aplomb ne doit pencher d'aucun côté; elle est figurée par un plomb se terminant en pointe par le bas, et suspendue par un cordeau qui représente la ligne aplomb ou verticale.

Fig. 4. — *Manière de tracer une ligne perpendiculaire sur une droite AB donnée.*

Sur une ligne droite donnée, à ses extrémités A et B, on placera alternativement la pointe d'un compas et d'une ouverture ou rayon, pris plus grand que la moitié de la ligne; on tracera deux arcs d'égale ouverture qui, se croisant ensemble, donneront les points de passage pour tracer la perpendiculaire CD.

Fig. 5. — *De la ligne horizontale ou de niveau.*

La ligne horizontale peut être parfaite en la considérant comme la surface d'un étang ou d'un bassin dont l'eau est dormante, et présente une surface plane; mais on peut aussi établir une ligne horizontale par le moyen d'un triangle rectangle isocèle ou équerre; si de son sommet A on suspend un plomb, et, qu'en tombant sur son côté BC, il le divise en deux également, la ligne sur laquelle il repose sera de niveau.

Fig. 6. — *De la ligne oblique ou de pente.*

La ligne oblique ou de pente est celle qui n'est ni horizontale ni verticale; elle forme des angles avec ces deux dernières, et l'on peut connaître leur ouverture par le moyen des degrés dont nous parlerons plus bas, *fig.* 15.

Fig. 7. — *Du cercle.*

Le cercle est une étendue plane terminée par une seule ligne courbe, nommée *circonférence*, dont tous les points sont également distants de son centre; il se trace avec un compas ou un cordeau fixé à l'une de ses extrémités A, et, tournant avec un crayon à son autre extrémité B, on tracera le cercle. Dans le cercle, les rayons AB, AC, AD, etc., sont égaux; la droite CAD, qui passe par le centre et qui est terminée de part et d'autre à la circonférence, se nomme *diamètre*; sa longueur est deux fois le rayon.

Fig. 8. — *De la ligne tangente.*

La ligne tangente est celle qui touche une circonférence en un point qu'on nomme *point de contact*. Pour être certain d'y toucher parfaitement, on marquera d'abord un point C sur la circonférence où l'on veut faire toucher la ligne; puis, par ce point et le centre A du cercle, on tracera un rayon que l'on prolongera hors la circonférence; on élèvera sur ce rayon, au point donné, une ligne perpendiculaire, et cette ligne sera la tangente demandée.

Fig. 9. — *Des lignes parallèles.*

Les lignes parallèles sont celles situées à égale distance l'une de l'autre, et qui se suivent dans une même direction sans jamais se rencontrer. On mène une ligne parallèle à une autre en portant deux arcs de cercle de rayons égaux à l'une et à l'autre extrémité de la ligne AB, et, en menant une tangente CD aux deux arcs, on aura une ligne parallèle.

Fig. 10.

Les parallèles courbes se nomment *concentriques* lorsqu'elles sont décrites d'un même centre.

Fig. 11. — *Des lignes concourantes.*

Toutes les fois que deux lignes dans un même plan ne sont pas parallèles, et qu'elles sont situées obliquement l'une à l'égard de l'autre, elles doivent se rencontrer suivant leur prolongement; alors elles forment un angle dont le point de rencontre se nomme *sommet.*

Fig. 12.

Deux lignes droites AB et BC, se rencontrant en un point B, formeront un angle; B sera le sommet. Quand on désigne un angle par trois lettres, celle du milieu indique le sommet de l'angle.

Fig. 13.

Un angle curviligne est formé par deux lignes courbes qui se rencontrent en un sommet C.

Fig. 14.

L'angle mixtiligne est la rencontre d'une ligne courbe et d'une ligne droite; le point C est le sommet.

Fig. 15. — *De la division du cercle en degrés.*

Pour parvenir facilement à diviser le cercle en 360 degrés, on portera d'abord son rayon sur la circonférence, ce qui le divisera en six exactement; puis on divisera chaque sixième en six, on aura des 36mes; enfin des 36mes en 10, et le cercle sera divisé en 360 parties ou degrés. Chacun de ces degrés se subdivise en 60 minutes, et ils servent à mesurer l'ouverture des angles.

Fig. 16. — *De l'angle droit.*

L'angle droit est formé de deux lignes droites, l'une horizontale et l'autre verticale, ce qui donne un angle de 90 degrés, ou un quart de cercle.

Fig. 17. — *De l'angle aigu.*

L'angle aigu ou maigre, plus petit que l'angle droit, est formé de deux lignes droites inclinées l'une à l'égard de l'autre et se rencontrant au sommet; cet angle peut avoir d'ouverture depuis 1 degré jusqu'à 89 et plusieurs minutes.

Fig. 18. — *De l'angle obtus.*

L'angle obtus ou gras, plus grand que l'angle droit, se forme de deux lignes droites, et leur rencontre est le sommet; cet angle peut avoir depuis 91 degrés jusqu'à 179 et plusieurs minutes.

Le *complément* d'un angle ou d'un arc est ce qui manque à cet angle ou à cet arc pour valoir 90 degrés ou un droit.

Le *supplément* d'un angle ou d'un arc est ce qui manque à cet angle ou à cet arc pour valoir 180 degrés ou deux droits.

Fig. 19. — *Manière de diviser un angle en deux.*

Si l'on veut diviser un angle BAC donné, on posera une des pointes du compas sur son sommet A, et l'on décrira un arc pris d'un rayon à volonté; cet arc, coupant les deux côtés de l'angle, donnera deux points D et E sur lesquels on reportera successivement une des pointes du compas, et l'on décrira d'autres arcs de rayons égaux qui se croisent en un point P. Par ce point et celui A, on tracera la ligne AP qui divise l'angle en deux parties égales.

Fig. 20. — *Faire un angle égal à un autre.*

Comme les arcs de cercle servent à mesurer les angles, et que l'on connaît leur valeur, non par la longueur de leurs côtés, mais par leur ouverture, ainsi l'arc décrit de leur sommet leur sert toujours de mesure. Soit ABC un angle donné ; sur la droite donnée DE, on propose de faire au point E un angle égal à ABC. Du sommet B, comme centre, et d'un rayon pris à volonté, on décrira l'arc FG terminé aux deux côtés de l'angle ; du point E, comme centre, avec la même ouverture de compas, on décrira l'arc HK, puis on ouvrira le compas de F en G, on portera cette ouverture de H en I, ensuite on tracera la droite IE, et l'on aura l'angle DEI égal à l'angle donné ABC.

Fig. 21. — *Manière de mener une parallèle au moyen des angles égaux.*

Soit une ligne AB donnée et un point C, aussi donné, duquel on veut mener une parallèle à AB. On tracera une ligne de C à A ; de A pris pour centre, on ouvrira le compas jusqu'en C pour décrire l'arc CB ; ensuite du point C comme centre et de la même ouverture de compas on décrira l'arc AE ; enfin on prendra avec le compas la distance CB, que l'on portera de A en D par un arc qui, croisant en un point D sur l'arc AE, donnera le point pour tracer la ligne CD, qui sera parallèle à AB.

L'explication de la *fig.* 9 nous a fourni un autre moyen de mener une parallèle à une ligne donnée.

Fig. 22. — *De la ligne sécante.*

Lorsqu'une ligne est donnée, et qu'une autre ligne la traverse, cette ligne se nomme *sécante*. Ces deux lignes forment au point C quatre angles, deux aigus et deux obtus, qui sont égaux chacun à chacun ; le cercle décrit de leur sommet sert à vérifier ce que nous venons d'énoncer.

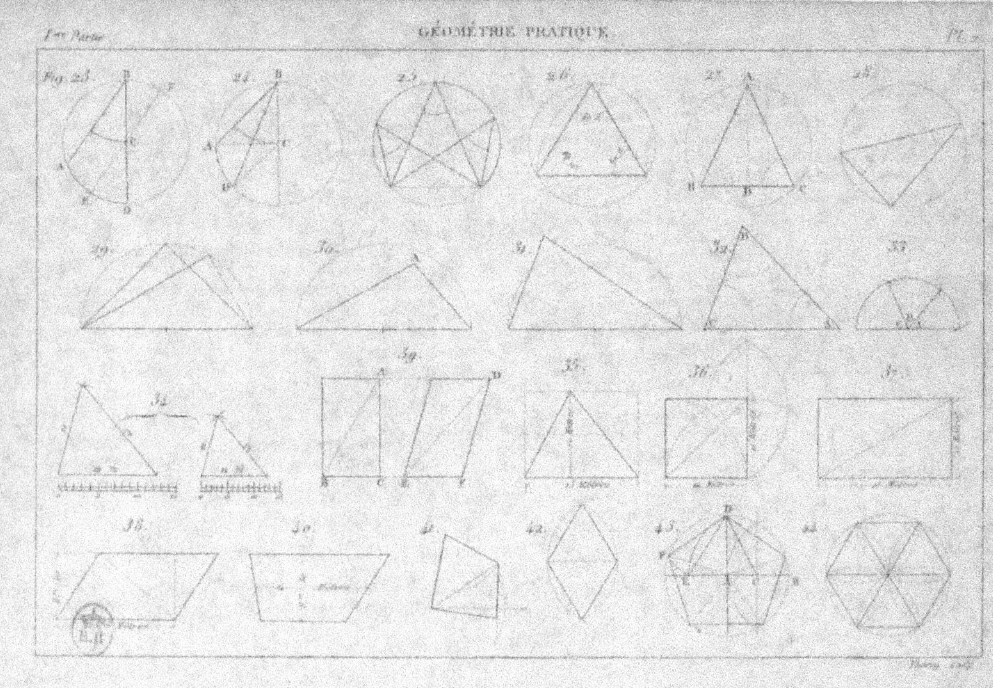

Planche 2.

Figure 23.

Si dans un cercle on trace un angle ABD qui a son sommet sur la circonférence, et qu'un de ses côtés passe par le centre C du cercle, cet angle n'aura pour mesure que la moitié de l'arc sur lequel il s'appuie, ce qui est prouvé par la parallèle EF passant par le centre C du cercle.

Fig. 24.

Si dans un cercle donné on trace un angle ABD dont le sommet est à la circonférence, et dont aucun de ses côtés ne passe par le centre du cercle, il n'aura toujours pour mesure que la moitié de l'arc sur lequel il s'appuie. Si par A et D on trace des lignes au centre C du cercle, on aura un angle double du premier, ce qui confirme la vérité du précédent énoncé.

Fig. 25.

Tous les angles qui ont pour base un même arc et qui ont leur sommet à la circonférence, ont même ouverture et sont égaux.

Fig. 26. — *Du triangle équilatéral.*

Un triangle est une surface plane terminée par trois lignes droites qui se joignent à chacune de leurs extrémités; le triangle équilatéral est le plus simple polygone, n'ayant que trois côtés d'égale longueur et ses trois angles d'égale ouverture; ce triangle est le plus régulier.

Fig. 27. — *Du triangle isocèle.*

Le triangle isocèle, qu'on nomme aussi *triangle symétrique*, n'a seulement que deux de ses côtés égaux, et deux de ses angles aussi égaux; si de son sommet A on abaisse une ligne verticale AD, elle divisera sa base en deux parties égales BD et DG.

Fig. 28. — *Du triangle scalène.*

Le triangle scalène est celui qui a ses trois côtés et ses trois angles inégaux; il est alors irrégulier. Nous donnons pour règle que les trois angles de tout triangle régulier ou irrégulier valent ensemble 180 degrés ou un demi-cercle, ou deux angles droits; nous l'expliquerons plus bas, *fig.* 32 et 33.

Fig. 29. — *Du triangle rectangle.*

Un triangle rectangle a pour base le diamètre d'un cercle, et a son sommet à la circonférence; il a toujours un de ses angles droit ou de 90 degrés, et ses deux autres angles valent 90 degrés, ce qui forme en tout 180 degrés, ou la valeur d'un demi-cercle. Le côté opposé à l'angle droit se nomme *hypoténuse*.

Fig. 30. — *Du triangle obtusangle.*

Le triangle obtusangle est ainsi nommé, parce qu'il a un de ses angles obtus comme en A et en dedans de la circonférence.

Fig. 31. — *Du triangle acutangle.*

Enfin, le triangle acutangle a ses trois angles aigus et son sommet hors de la circonférence.

Fig. 32. — *Problème.*

Lorsque l'on ne connaît que les deux angles A et B d'un triangle, et que l'on ne peut mesurer le troisième C, il sera facile d'en connaître l'ouverture en ajoutant ensemble, *fig.* 33, les deux déjà connus ; la mesure du troisième que l'on cherche sera le supplément d'un demi-cercle ou de deux angles droits, comme on le voit *fig.* 33.

Fig. 33.

Cette figure donne l'explication de ce que nous avons avancé, *fig.* 28 et 29.

Fig. 34. — *Des triangles semblables.*

On connaît qu'un triangle est semblable à un autre, non par une égale étendue, mais quand ses angles sont de même ouverture ; on peut parvenir à les construire par le moyen d'échelles de proportions, alors on les nomme semblables ou proportionnels.

Fig. 35. — *Des différents polygones réguliers et irréguliers, et la manière de mesurer leur étendue superficielle, ou surface.*

Nous n'avons parlé jusqu'ici que de la forme des triangles et de l'ouverture de leurs angles.

Pour connaître la quantité de mètres ou décimètres superficiels que contient un triangle, on se servira de la multiplication. Il faudra d'abord connaître la longueur de sa base, qui sera, par exemple, de 15 mètres, et sa hauteur perpendiculaire abaissée de son sommet sur sa base, qui sera de 10 mètres ; on multipliera 10 par 15, ce qui donnera 150, dont on prendra la moitié, qui est 75, et qui exprimera le nombre de mètres superficiels contenus dans le triangle. L'unité superficielle est un carré dont chaque côte a pour longueur l'unité avec laquelle on mesure. Nous employons le *mètre* pour unité.

Fig. 36. — *Du carré.*

Le carré est une surface plane terminée par quatre lignes droites d'égale longueur, formant ensemble quatre angles droits et de 90 degrés chacun ; la ligne tracée d'un angle opposé à l'autre se nomme *diagonale*, elle forme des angles de 45 degrés. Pour connaître la superficie ou étendue d'un carré, on multipliera la longueur d'un de ses côtés par l'autre ; si un de ces côtes a 10 mètres, on multipliera 10 par 10, on aura 100 mètres superficiels pour la surface du carré.

Fig. 37. — *Du parallélogramme droit ou rectangle.*

Le parallélogramme droit ou rectangle est une surface plane terminée par quatre lignes droites formant quatre angles droits ; cette figure est plus longue que haute, on la nomme aussi *carré long*.

On connaîtra sa surface en multipliant sa longueur par sa hauteur, 18 mètres par 10 ; superficie, 180 mètres.

La ligne tracée d'un angle opposé à l'autre du rectangle se nomme diagonale et le partagera en deux triangles égaux, qui auront chacun 90 mètres en superficie, ou la moitié du rectangle, ce qui fait qu'un triangle est toujours la moitié d'un parallélogramme droit ou oblique, qui a même base et même hauteur.

Fig. 38. — *Du parallélogramme oblique.*

Ce parallélogramme est une figure régulière, quoique oblique; ses côtés sont parallèles chacun à chacun, et ses angles sont aussi égaux chacun à chacun; deux sont obtus et les deux autres aigus.

On connaîtra la surface de ce parallélogramme en multipliant sa base par sa hauteur, prise perpendiculairement: 16 mètres sur $8^m,50$; surface, 136 mètres; le triangle qui aura même base et même hauteur que le parallélogramme en sera la moitié; il aura pour mesure 68 mètres superficiels.

Fig. 39. — *Des parallélogrammes droits ou obliques.*

Lorsque deux parallélogrammes, l'un droit et l'autre oblique, ont même base et même hauteur, ils ont même superficie, quoiqu'ils soient différents de forme; le triangle ABC est aussi égal en superficie au triangle DEF, quoique dissemblable.

Fig. 40. — *Du trapèze.*

Le trapèze est un polygone irrégulier, il est terminé par quatre lignes d'inégale longueur et a ses quatre angles inégaux; deux de ses côtés seulement sont parallèles.

On connaîtra sa surface en multipliant sa hauteur perpendiculaire par la longueur moyenne entre son grand et petit côté parallèles, on multipliera $8^m,50$ par 14 mètres, ce qui donnera en surface 119 mètres pour l'étendue du trapèze.

Fig. 41. — *Du trapézoïde.*

Le trapézoïde est un polygone irrégulier formé de quatre lignes inégales; on aura sa superficie en le partageant en deux triangles, les mesurant séparément; et ajoutant les surfaces des deux triangles, on aura la superficie du trapézoïde.

Du losange.

Le losange est un parallélogramme dont les quatre côtés sont égaux entre eux; deux angles obtus sont égaux entre eux, deux angles aigus sont égaux entre eux; enfin les diagonales sont inégales et perpendiculaires entre elles.

Fig. 42.

Lorsque le losange est formé de deux triangles équilatéraux, ses deux angles obtus ont 120 degrés d'ouverture, et ses deux angles aigus ont 60 degrés; sa surface est celle des deux triangles.

Fig. 43. — *Du pentagone.*

Le pentagone régulier est une surface plane formée par cinq lignes droites égales. Ce polygone pourra être inscrit dans un cercle.

On pourra trouver la longueur d'un des côtés du pentagone en faisant l'opération qui suit : On divisera le rayon AB du cercle en deux au point C ; du point C pris pour centre on décrira l'arc DE, et la corde de l'arc sera le côté du pentagone que l'on reportera en F par un autre arc décrit de D pris pour centre.

Pour connaître la superficie de ce polygone, on le partagera en cinq triangles égaux ; on en mesurera un, on le multipliera par cinq, et l'on aura la superficie totale du pentagone.

Fig. 44. — De l'hexagone.

L'hexagone régulier est un polygone terminé par six côtés égaux inscrits dans un cercle dont le rayon est contenu six fois dans la circonférence, ce qui rend ce polygone très-facile à construire ; il a tous ses angles égaux, comme tous les polygones réguliers ; ses angles ont chacun 120 degrés d'ouverture, sa superficie sera facile à connaître en mesurant un des triangles dont il est composé et en le multipliant par six.

Les polygones réguliers, à côtés égaux entre eux, peuvent être employés ensemble lorsqu'il s'agit d'exécuter un carrelage, une marqueterie, une mosaïque, sur lesquels on doit marcher ; il importe qu'aucun point ne soit la réunion de trop de sommets ; car, en posant sur ce point le pied ou tout objet pesant, il céderait trop aisément à la pression : ce qui détruirait la contexture et la solidité de l'ouvrage.

Aussi n'emploie-t-on presque jamais la combinaison des triangles équilatéraux dont les sommets concourent six à six aux mêmes points.

On évite même de faire concourir les sommets des carrés, quatre à quatre, en un même point.

L'emploi des hexagones réguliers offre beaucoup d'avantage, attendu que leurs sommets concourent trois à trois aux mêmes points.

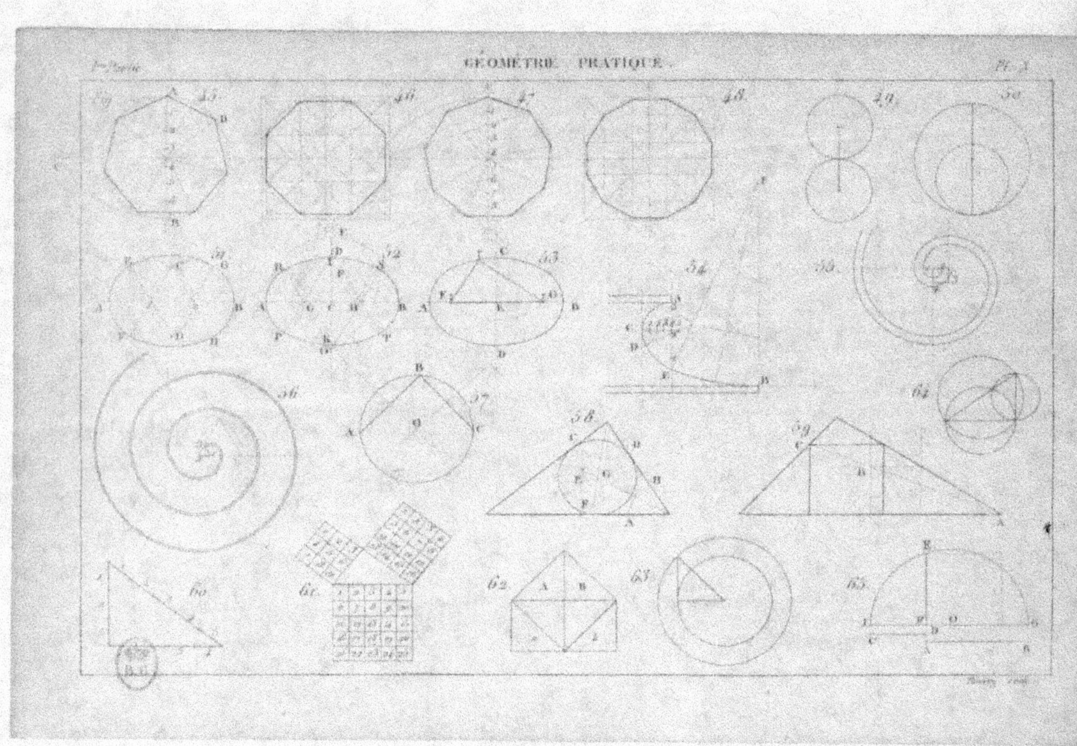

Planche 5.

FIGURE 45. — *De l'eptagone.*

L'eptagone régulier est un polygone de sept côtés égaux ; on pourra trouver, par un moyen fort simple, la longueur d'un des côtés pour être inscrit dans un cercle : on commencera par diviser le diamètre AB du cercle en sept parties égales, puis, des extrémités A et B comme centres, avec le diamètre pour rayon, on décrira des arcs de 60 degrés qui, se rencontrant en un point C, serviront à tracer une ligne par ce point, et la deuxième division du diamètre ; cette ligne, prolongée jusque sur la circonférence, donnera le point D, et la distance AD sera le côté de l'eptagone à inscrire dans le cercle. On pourra se servir de la même méthode pour tous les polygones à inscrire dans un cercle ; on divisera le diamètre du cercle en autant de parties égales que l'on voudra que les polygones aient de côtés, par l'intersection des arcs décrits avec le diamètre pour rayon et de ses extrémités comme centres, et par la deuxième division, on tracera une ligne jusqu'à la rencontre de la circonférence.

FIG. 46. — *De l'octogone.*

L'octogone régulier est un polygone de huit côtés égaux ; il peut être inscrit dans un cercle, ses angles ont chacun 135 degrés d'ouverture ou trois quarts d'un demi-cercle. Pour mesurer la superficie de l'octogone, on peut le mesurer comme un carré dans lequel il serait inscrit ; et, soustrayant les quatre triangles du carré qui sont extérieurs à l'octogone, le reste sera sa superficie.

FIG. 47. — *De l'ennéagone.*

L'ennéagone régulier est un polygone de neuf côtés égaux ; il se construira de la même manière que celle indiquée pour l'eptagone, *fig.* 45, après s'être donné le cercle dans lequel on veut l'inscrire. Ainsi de même pour le décagone.

FIG. 48. — *Du dodécagone.*

Le dodécagone régulier, ou polygone de douze côtés égaux, peut aussi se construire de même que les précédents, ou par le moyen du carré et de ses diagonales.

FIG. 49 et 50.

Pour parvenir à exécuter des figures formées d'arcs de cercles, on observera que les arcs qui forment ces figures sont faits sur des lignes dont les centres sont sur le prolongement de ces mêmes lignes, et se forment de plusieurs arcs décrits de rayons différents, tels que des ovales, spirales ou volutes, et une infinité de moulures ; on se sert de tangentes, de cercles extérieurs, *fig.* 49, et intérieurs, *fig.* 50.

FIG. 51. — *De l'ovale.*

L'ovale est une figure plane terminée par un trait courbe décrit de plusieurs arcs de cercle dont les centres sont sur les mêmes rayons prolongés. Pour construire cet ovale, on tracera une ligne horizontale AB que l'on nomme le grand axe de l'ovale ; on le di visera en trois parties égales, et deux de ces points serviront de centre pour décrire deux cercles de rayons égaux, et formeront les bouts de l'ovale EAF et GBH. Ces deux mêmes cercles, se croisant ensemble à des distances égales, donneront les centres C et D pour décrire les flancs de l'ovale EG et FH, qui en termineront la forme sans aucun jarret.

Fig. 52. — *Manière de tracer un ovale, étant donnés ses deux axes.*

Soient AB et IK les deux axes, ou diamètres, de l'ovale; du point C, pris pour centre, on décrira un demi-cercle en prenant pour rayon le demi-grand axe de l'ovale, puis on divisera en trois parties égales la distance qu'il y a de I à E, et l'on en portera une en contre-bas de I au point F; on prendra la distance CF, que l'on reportera en AG et en BH afin d'avoir les centres G et H pour décrire les bouts de l'ovale PAR et SBT; par les quatre points P, R, S, T et par G, H, on prolongera les rayons jusque sur l'axe vertical de l'ovale, ce qui donnera les deux derniers centres D et O pour tracer les flancs RIS et PKT de l'ovale passant par les extrémités I, K du petit axe.

Fig. 53. — *De l'ellipse.*

L'ellipse est une figure plus parfaite que l'ovale; on la tracera par le moyen d'un cordeau tournant autour de trois points, dont deux sont fixes. Lorsqu'on a déterminé la longueur de chacun des deux axes AB et CD de l'ellipse, on prend la longueur du demi-grand axe BE, avec cette distance pour rayon, et du point C comme centre, on décrira un arc qui coupera le grand axe AB aux points F et G, que l'on nomme les foyers de l'ellipse; ces points serviront à fixer les bouts du cordeau qui sera tendu jusqu'au point C, puis avec une pointe ou un crayon, on tracera l'ellipse qui doit passer par les axes donnés AB et CD.

Fig. 54. — *De la scotie.*

La scotie est une ligne courbe que l'on emploie en architecture; elle est décrite de plusieurs centres et ses arcs sont tangents, *voyez fig.* 50. On pourra déterminer son point de départ et son point d'arrivée en observant les divisions indiquées dans son tracé.

Fig. 55. — *De la ligne spirale.*

La ligne spirale est formée, comme la figure précédente, d'arcs de cercles tangents; ceux de cette volute se rencontrent à angle droit ou de 90 degrés, ayant pour centres les angles d'un carré parfait qui servent successivement à décrire chacun de ses arcs en y posant la pointe du compas.

Fig. 56.

Autre volute ou ligne spirale construite par trois points; on tracera d'abord un triangle équilatéral un peu grand, puis on le réduira plus petit, afin d'avoir des points rapprochés; on prolongera les côtés du triangle, et, par les points 1, 2, 3, on tracera des arcs de 120 degrés ou le tiers d'un cercle, et, en changeant successivement la pointe du compas sur les mêmes points, on aura autant de révolutions qu'on voudra en faire.

Fig. 57. — Faire passer un cercle par trois points donnés.

Les points A, B, C étant posés à discrétion, mais sans être en ligne droite, on les joindra par deux lignes AB et BC; sur chacune de ces lignes on élèvera une perpendiculaire, et la rencontre O de ces deux dernières sera le point de centre du cercle qui passera par trois points donnés A, B, C.

Fig. 58. — Faire toucher un cercle aux trois côtés d'un triangle.

Si l'on veut faire toucher un cercle aux trois côtés d'un triangle, on divisera deux de ses angles en deux parties égales, en décrivant des arcs de ses sommets, et, par les points EF, on tracera des lignes aux sommets des angles, lesquelles lignes se rencontrant donneront le point de centre G pour tracer le cercle tangent aux trois côtés du triangle.

Fig. 59. — Manière d'inscrire un carré dans un triangle donné.

Pour inscrire le plus grand carré possible dans un triangle, on construira un carré plus petit que celui qui doit toucher aux côtés du triangle, puis on tracera une ligne par l'angle A du triangle, et par celui B du petit carré que l'on prolongera jusqu'au côté du triangle vers C; par ce point on mènera des parallèles aux côtés du petit carré, et l'on aura le grand carré demandé.

Fig. 60.

Le plus grand des côtés d'un triangle rectangle se nomme hypoténuse du triangle; un carré, ou toute autre figure régulière construite sur l'hypoténuse de ce triangle, vaudra à lui seul autant que les deux ensemble construits semblablement sur les deux autres côtés de ce même triangle.

Fig. 61. — Du carré de l'hypoténuse.

On voit, par la quantité de petits carrés ou mètres superficiels contenus dans le carré de l'hypoténuse, que le nombre de ces petits carrés est égal à ceux contenus dans les deux autres carrés construits sur les deux autres côtés du triangle, parce que 9 et 16 font 25, quantité égale au grand carré. On a choisi ces nombres pour qu'il n'y ait point de fractions; mais le triangle pourrait être plus allongé ou plus court, pourvu que deux de ses côtés soient à angle droit ou rectangle. Cette propriété aura toujours lieu.

Fig. 62.

Autre preuve du carré de l'hypoténuse par deux carrés égaux: la diagonale d'un carré le partage en deux triangles rectangles égaux. Cette diagonale est l'hypoténuse commune aux deux triangles; ainsi, le carré construit sur sa diagonale sera double. Il résulte que, des deux petits carrés, on en forme un autre qui leur sera équivalent en transportant la partie *a* en A, et la partie *b* en B.

Fig. 63.

Les surfaces des cercles étant en même raison que les carrés de leurs rayons, on peut y appliquer le carré de l'hypoténuse, comme dans les *fig.* 61 et 62; ainsi, un cercle ayant pour rayon la diagonale d'un carré, sa surface sera double de celui construit sur l'un de ses côtés.

Fig. 64.

Nous prenons ici les côtés d'un triangle rectangle pour diamètres de trois cercles, dont le résultat est le même que dans la *fig.* 61 dont nous venons de parler.

Fig. 65. — *De la moyenne proportionnelle.*

Si vous avez deux lignes données AB, CD, et que vous vouliez avoir une autre ligne moyenne proportionnelle, vous mettrez les deux lignes AB, CD au bout l'une de l'autre IFG, et vous diviserez cette longueur en deux parties égales au point O, qui sera le centre pour décrire un demi-cercle; ensuite élevez la perpendiculaire FE, elle rencontrera le demi-cercle au point E, la longueur FE sera la moyenne proportionnelle demandée. Il résulte que le carré construit sur la moyenne proportionnelle FE aura autant de surface que le rectangle qui a pour base AB et pour hauteur CD.

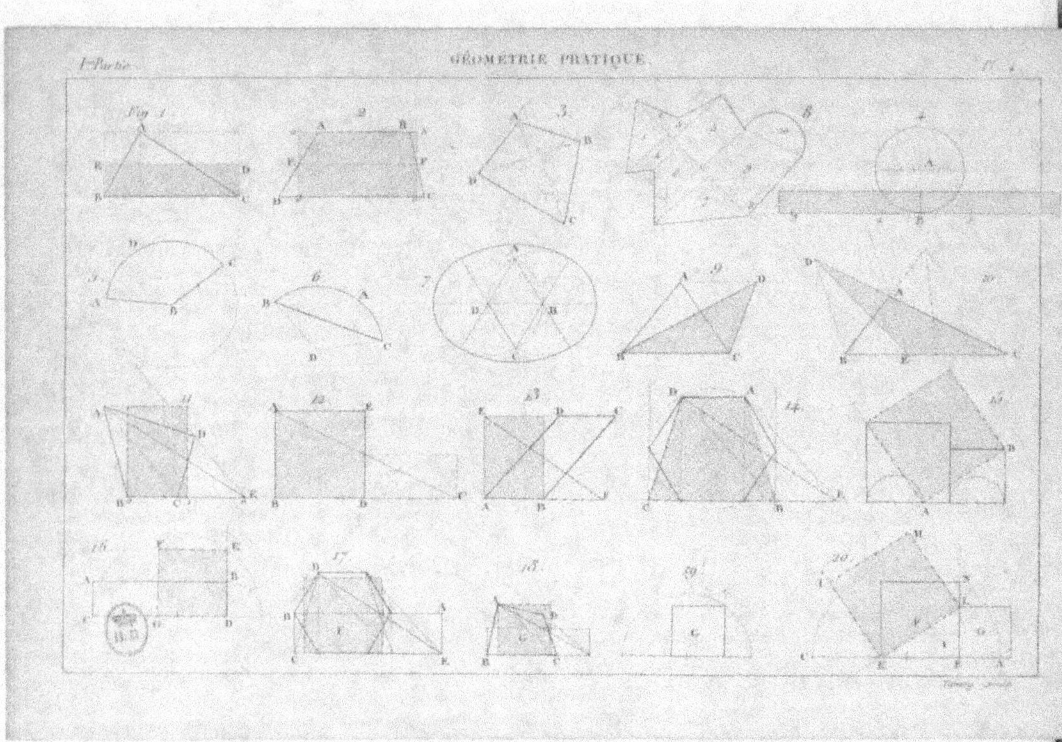

Fig. 1.
2.
3.
8.
4.
5.
6.
7.
9.
10.
11.
12.
13.
14.
15.
16.
17.
18.
19.
20.

Problèmes et transformations des polygones, ou manière de changer les figures de forme sans les changer de superficie.

Planche 4.

FIGURE 1re.

Nous avons déjà démontré, par le calcul, que la surface ou superficie d'un triangle, *Pl. 2*, *fig.* 35, s'obtient en multipliant la longueur de sa base par la moitié de sa hauteur perpendiculaire ; il résulte que nous changerons ici, *fig.* 1, le triangle ABC en un rectangle BCDE qui aura même superficie.

FIG. 2.

On pourra changer la forme d'un trapèze ABCD en un rectangle *abcd* de même surface, en traçant une ligne horizontale qui divisera la hauteur du trapèze en deux également, et en menant par les intersections E, F de cette ligne, sur les côtés parallèles du trapèze, deux lignes perpendiculaires qui formeront le rectangle ou parallélogramme droit *abcd*, équivalent au trapèze ABCD.

FIG. 3. — *Manière de mesurer un trapézoïde.*

Nous donnerons plus bas les moyens de le transformer en figure régulière.

Pour mesurer le trapézoïde ABCD, on le partagera en deux par la diagonale BD qui en formera deux triangles que l'on mesurera séparément, et le total des surfaces de ces deux triangles donnera la surface du trapézoïde ABCD.

FIG. 4. — *De la superficie d'un cercle.*

On aura la superficie d'un cercle ou quantité de mètres carrés qu'il contient, en multipliant la longueur développée de sa circonférence entière, ou trois fois la longueur de son diamètre plus un septième de diamètre, par la moitié de son rayon AB ou quart de son diamètre.

FIG. 5. — *Du secteur du cercle.*

On trouvera la superficie d'une portion de cercle telle qu'un secteur ABCD en multipliant la longueur du développement de son arc par la moitié de son rayon.

FIG. 6. — *Du segment d'un cercle.*

On aura la superficie d'un segment de cercle ABC en le mesurant d'abord comme le secteur, puis on soustraira le triangle BDC, et la partie restante sera la surface du segment ABC.

Fig. 7.

Connaissant la manière de mesurer un secteur, il sera facile de mesurer la surface d'un ovale, puisqu'il est formé de quatre arcs de cercles étant eux-mêmes secteurs ; on ajoutera ensemble la quantité des quatre secteurs, on en soustraira le losange ABCD, compté deux fois, et la quantité restante sera la surface de l'ovale.

Fig. 8.

D'après les connaissances acquises, dans les figures précédentes, pour la mesure des triangles, des trapèzes, des secteurs et segments de cercles, on connaîtra facilement le contenu de la surface totale d'un terrain irrégulier composé de lignes droites et de lignes courbes, que l'on nomme *périmètre* ; on mesurera séparément les triangles, les trapèzes, portions de cercles, et la somme des surfaces de ces figures donnera la surface totale du terrain irrégulier proposé.

Fig. 9.

On pourra changer la forme d'un triangle ABC sans en changer la surface, en conservant sa même base BC et en reportant son sommet parallèlement à sa base en un point D pris à volonté sur la parallèle AD à la base BC.

Fig. 10.

On pourra de même changer un triangle ABC en un autre triangle d'égale surface, sans conserver sa base ni la hauteur de son sommet, en prolongeant l'un de ses côtés CA, sur lequel on placera un autre sommet D par lequel, et l'angle B du triangle, on tracera une ligne DB, et par A on lui mènera une parallèle AE ; sa rencontre sur la base BC au point E déterminera à la fois la base EC du nouveau triangle et son troisième côté DE. On aura le triangle DEC, dont la surface sera égale à celle du triangle donné ABC.

Fig. 11.

Changer un trapézoïde ABCD en un rectangle qui aura même superficie. On changera d'abord ce trapézoïde en un triangle ABE en menant une parallèle à AC ; on aura E pour tracer le côté AE du triangle ; puis, pour former le rectangle, on divisera en deux la base BE du triangle au point I, on élèvera une ligne perpendiculaire qui sera un des côtés du rectangle, on mènera, par le point A, une parallèle à BE, et le rectangle sera formé.

Fig. 12.

On pourra d'un triangle rectangle ABC en former un carré parfait ABDE, en divisant la base du triangle en deux au point D, et en lui élevant une perpendiculaire DE ; on voit évidemment que c'est le quart du triangle ABC qui est transporté en AE pour former le carré parfait demandé.

Fig. 13.

On peut changer un parallélogramme oblique ABCD en un rectangle en élevant deux lignes perpendiculaires aux points A et B de sa base et en faisant sa hauteur égale ; on pourra aussi faire un triangle qui leur sera égal en surface, en doublant la base et en traçant la ligne EF.

Fig. 14.

On transformera un hexagone régulier, ou tout autre polygone régulier ou irrégulier, en diminuant successivement d'un le nombre de leurs côtés par le moyen des parallèles; ainsi, l'hexagone proposé sera réduit à un trapèze ABCD par les lignes CD, AB, et enfin à un triangle CDE par la ligne DE. Ce triangle contient autant de surface que l'hexagone et le trapèze.

Fig. 15.

On pourra transformer deux carrés inégaux en un autre plus grand qui aura même surface, en traçant l'hypoténuse AB qui sera le côté du nouveau carré, comme on le voit *Pl.* 3, *fig.* 60 et 61.

Fig. 16.

On changera de même un rectangle ABCD en un carré DEFG, qui aura même superficie que le rectangle, en prenant pour côté du carré la moyenne proportionnelle DE entre la base et la hauteur du rectangle; on aura DEFG pour le carré demandé. Pour l'explication, voir *Pl.* 3, *fig.* 65.

Fig. 17.

Quand on aura réduit l'hexagone proposé au plus simple polygone CDE, on le changera en un rectangle ABCE, puis on le transformera en un carré parfait F, comme dans la *fig.* 16; alors ce carré sera rapporté *fig.* 20, on portera la base du rectangle CE, on y ajoutera sur la même ligne prolongée la hauteur EA du rectangle, on divisera la longueur totale CA en deux, et l'on décrira un demi-cercle CA, puis on élèvera au point E une perpendiculaire; et la ligne EN sera le côté du carré F, *fig.* 17.

Fig. 18.

On opérera, pour le trapézoïde ABCD, de la même manière que l'on a opéré pour l'hexagone, et l'on aura le petit carré G, *fig.* 19, que l'on ajoutera au carré F, *fig.* 20, en traçant l'hypoténuse KL, et en construisant le grand carré total IKLM, qui est la solution du problème proposé et vaut autant que l'hexagone, *fig.* 17, et le trapézoïde, *fig.* 18. Application du carré de l'hypoténuse.

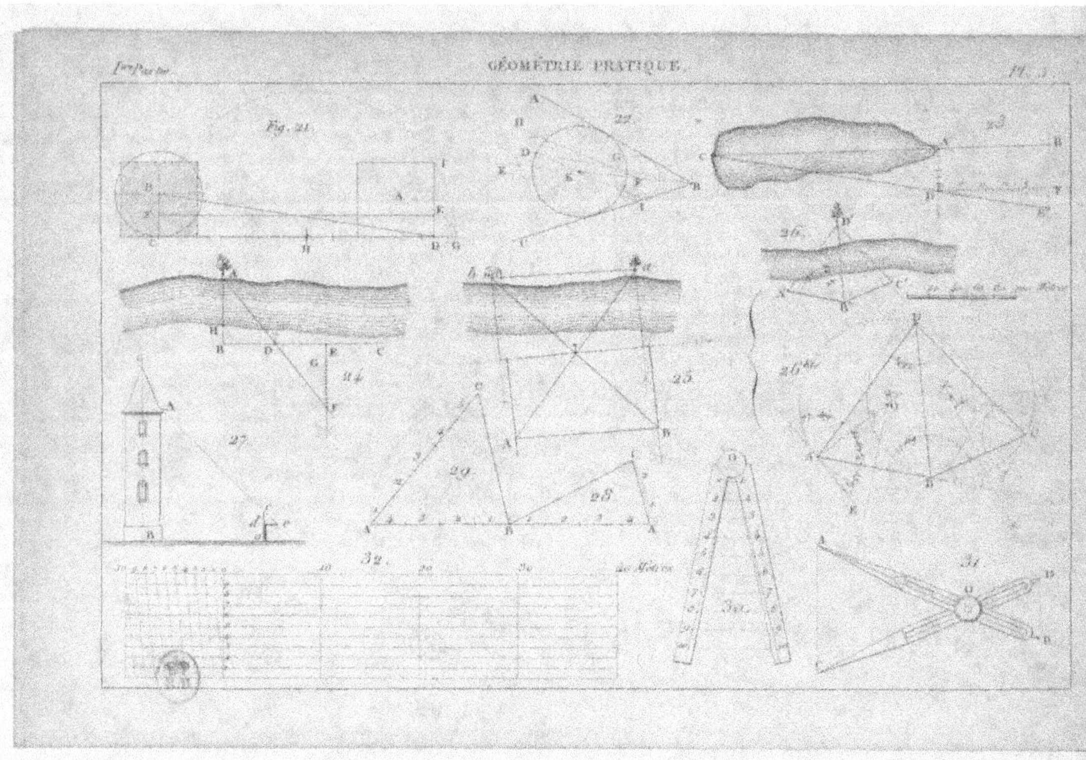

Fig. 21.
22.
23.
24.
25.
26.
27.
28.
29.
30.
31.
32.
33.

Planche 5.

Figure 21.

On propose de former un carré A qui aura autant de superficie ou étendue en surface que le cercle B donné. On commencera à développer la circonférence du cercle donné sur une ligne droite CD, en portant le diamètre du cercle trois fois sur cette ligne, plus un septième du diamètre; par l'extrémité D et le point de centre du cercle on tracera une ligne, ce qui formera un triangle qui aura autant de superficie que le cercle; de ce triangle on en formera un rectangle CDEF, puis, en ajoutant à la longueur CD du rectangle sa hauteur DE en G, on divisera cette longueur totale CG en deux au point H, et l'on décrira le demi-cercle CG; enfin on élèvera au point D la perpendiculaire DI, qui sera la moyenne proportionnelle et le côté du carré A que nous cherchons.

Fig. 22.

Faire toucher un cercle aux deux côtés d'un angle ABC donné, et aussi le faire passer par un point D déterminé à volonté. Pour y parvenir on divisera l'angle ABC en deux par les sections au point E, puis sur cette ligne on placera un point F pour centre d'un petit cercle qui touchera aux deux côtés de l'angle; par D et le sommet B, on tracera une ligne qui, coupant sur la circonférence du petit cercle, donnera un point G par lequel et celui F on tracera une ligne prolongée vers H; on mènera à cette ligne, par le point D, la parallèle DI qui coupera la ligne BE en un point K, qui sera le centre du cercle demandé.

Fig. 23.

On propose de mesurer la longueur d'un lac dont on ne peut aborder qu'une des extrémités, mais dont la vue peut apercevoir l'autre par le moyen de deux jalons ou piquets placés l'un en A sur le bord du lac, et un autre en B sur le terrain; on observera le point C de l'autre extrémité du lac, alors on tracera la ligne AB, sur laquelle on élèvera une ligne perpendiculaire; au point A, sur cette ligne, on portera une distance de 6 mètres, ce qui donnera un point D, qui sera le sommet d'un petit triangle, et C sera le sommet d'un grand; on placera au point D, qui est le sommet du petit triangle, un jalon, et en se reculant vers E, on placera un autre jalon; on observera le jalon D et le point C, pour que les trois points C, D, E soient dans le même alignement; alors on tracera DE, qui sera un des côtés du petit triangle, ensuite on mènera des parallèles à AB et à AD, pour avoir les deux autres côtés du petit triangle, et le point F qui déterminera la distance EF, qui sera l'échelle proportionnelle de 6 mètres, qui servira à mesurer le côté DF du petit triangle qui donnera la distance et la longueur du lac que nous avons proposé de mesurer, et qui représente la distance AC.

Fig. 24.

On pourra aussi, par le moyen des triangles égaux, mesurer la largeur d'une rivière dont on ne peut aborder la rive opposée.

Pour cela on observera un point quelconque, tel que le pied

d'un arbre A, en plaçant un *graphomètre* (1) sur une ligne BC
donnée, jusqu'à ce que l'on rencontre le point A à angle droit
sur BC, au point B; puis de B portant deux distances égales BD,
DE, et du point E élevant une ligne à angle droit, et plaçant sur
le point D un jalon, on observera, en se reculant vers F, les points
A et D, pour avoir une ligne ADF, qui formera le triangle DEF,
semblable à celui ABD; et, en retranchant la distance BH de celle
EF, on aura FG égal à la distance cherchée AB.

Fig. 25.

On propose de mesurer une distance inaccessible, c'est-à-dire
la distance d'une maison à un arbre qui se trouve sur une rive opposée à celle où est celui qui opère. Pour parvenir à ce but, on
emploiera le même moyen que dans la figure précédente, et en faisant l'opération double, la distance AB représentera celle *ab* qui
est la distance demandée.

Fig. 26 et 26 *bis*.

On peut connaître des distances inaccessibles par le moyen des
triangles semblables réduits sur une échelle proportionnelle, soit
par la connaissance des angles mesurés avec le graphomètre, soit
même en se passant de cet instrument, au moyen de la connaissance des côtés et des angles de triangles que l'on peut mesurer. Par exemple, *fig.* 26, on veut connaître les distances respectives des points A', B', C' à celui D' qui est inaccessible; on observera du point A' l'angle B'A'D', qui se trouve de 64 degrés et demi,
et du point B' l'angle A'B'D', qui est de 77 degrés; soustrayant
leur total 141 degrés et demi de 180, il viendra 38 degrés et demi
pour l'angle A'D'B', inaccessible et opposé à la base A'B' que l'on
a mesurée et qui contient 53 mètres de longueur. Il s'agira de
faire, *fig.* 26 *bis*, sur une base AB un segment ADB capable de
contenir l'angle opposé de 38 degrés et demi; on y parviendra en
faisant au point A sur cette base un angle BAE de 38 degrés et
demi, puis sur AE en A on fera un angle EAO de 90 degrés; on
divisera la base AB en deux par une perpendiculaire qui, rencontrant le côté de cet angle, donnera le centre O du cercle capable
de contenir l'angle de 38 degrés et demi, et sur la circonférence
duquel se trouve placé le point D que l'on cherche; pour le trouver,
on fera une opération semblable à l'égard du triangle BDC, et l'intersection D des deux cercles sera le point cherché.

Les angles mesurés sur le terrain avec le graphomètre sont rap-
portés sur le papier au moyen du *rapporteur* (1).

Fig. 27.

On peut aussi mesurer des hauteurs inaccessibles telles qu'une
tour A ou un rempart. Soit une tour AB dont on veut connaître la
hauteur; construisez en bois ou en carton un triangle isocèle rectangle, *cde*, d'une assez grande dimension, et fixez-le sur une règle en
bois qui sera pointue à l'une de ses extrémités pour être piquée en
terre; on aura soin de suspendre un plomb au sommet *c* du tri-

---

(1) Le graphomètre est un demi-cercle en cuivre divisé en 180 degrés, muni
de lunettes ou pinnules; étant monté sur un pied à trois branches, il sert
à mesurer les angles sur le terrain.

(1) Le rapporteur est un demi-cercle en cuivre ou en corne divisé en
180 degrés.

angle *edc*, pour que sa base *dc* soit horizontalement placée; avant de piquer votre règle, vous avancerez ou reculerez jusqu'à ce que le côté *ec* du triangle se trouve dans l'alignement de A; mesurez enfin la distance de *edB*, ajoutez-y la mesure de votre hauteur visuelle *do*, et la somme sera la hauteur de cette tour.

Fig. 28. — *Manière de réduire un dessin quelconque.*

Par le moyen des ouvertures d'angle, soit un angle ABC qui aura quatre parties à sa base, et deux à son ouverture AC; toutes les dimensions qu'on aura rapportées du sommet B sur son côté BC seront réduites de moitié en les prenant sur son ouverture CA; ainsi de cette manière toutes les dimensions se trouveront réduites proportionnellement, et cet angle, nommé *angle de réduction*, tiendra lieu d'échelle proportionnelle.

Fig. 29. — *Manière d'augmenter un dessin.*

L'angle ABC augmentera les dimensions d'un quart et tiendra lieu d'échelle proportionnelle; on pourra faire des angles plus ou moins ouverts suivant le besoin.

La plus grande longueur de CA sera CB plus BA; alors l'angle CBA aura 180 degrés, et formera une ligne droite : donc cet angle ne peut servir pour augmenter que dans une proportion moindre du double.

Fig. 30. — *Du compas de proportion.*

Pour réduire un dessin, on pourra se servir du *compas de proportion*; c'est un instrument en cuivre sur les branches duquel,

à partir de leur point de jonction O, on a marqué un nombre de parties égales 1, 2, 3, 4,.... Pour en comprendre l'usage, il suffira de faire remarquer que si, ayant donné à l'instrument une ouverture quelconque, on joint les points marqués par le même numéro d'ordre 1, 2, 3, 4,..., on formera une suite de triangles isocèles ayant leur sommet commun en O, et tous semblables entre eux.

Supposons, par exemple, qu'il s'agisse de réduire un dessin dans le rapport de 5 à 3, on donnera à l'instrument une ouverture telle que la distance [5...5] soit égale à 3 parties comptées sur l'une des branches, c'est-à-dire à la distance de 0 à 3. Alors les distances [1...1], [2...2], [3...3],..., seront respectivement égales aux distances du point O aux points 1, 2, 3,..., réduites dans le rapport donné.

Fig. 31. — *Du compas de réduction.*

Quand on veut réduire un dessin, on emploie plus commodément un instrument spécial nommé *compas de réduction*. Il est formé de deux branches égales et terminées en pointes, AB et CD, que l'on réunit au point O, lequel on peut faire mouvoir entre des coulisses et dans une certaine étendue de la longueur des branches, pourvu cependant que AO égale CO et que BO égale DO; menant les lignes AC et BD, on a les triangles AOC et BOD qui étant semblables ont leurs côtés proportionnels. Alors, si BO est, par exemple, les ⅗ de AO, la distance BD sera égale à la distance AC réduite aux ⅗.

Fig. 32. — *Construction d'une échelle.*

Cette échelle, dont les subdivisions sont de dix en dix, est nommée échelle de *dixme*.

On prendra pour exemple l'échelle de 1 *mètre* à 500 *mètres*, c'est-à-dire qu'un mètre sur le papier en représentera cinq cents sur le terrain. D'après ce rapport, un mètre sur l'échelle sera $\frac{1}{500}$ d'un mètre; alors, si l'on veut avoir la longueur proportionnelle de 100 mètres, il faudra ajouter deux zéros au numérateur de la fraction $\frac{1}{500}$ et l'on aura $\frac{100}{500}$ qui se réduira à $\frac{1}{5}$ et qui donnera pour quotient $0^m,2$; par conséquent, à cette échelle, *deux déci-mètres* sur le papier représentent *cent mètres* sur le terrain.

Cette longueur de *cent mètres* étant déterminée, elle servira de base pour la construction de l'échelle. On pourra donc, en opérant de la même manière, faire une échelle de proportion dans un rapport donné.

Les opérations relatives aux *fig.* 24, 25 et 26 offrent l'emploi de cette échelle.

FIN DE LA PREMIÈRE PARTIE.

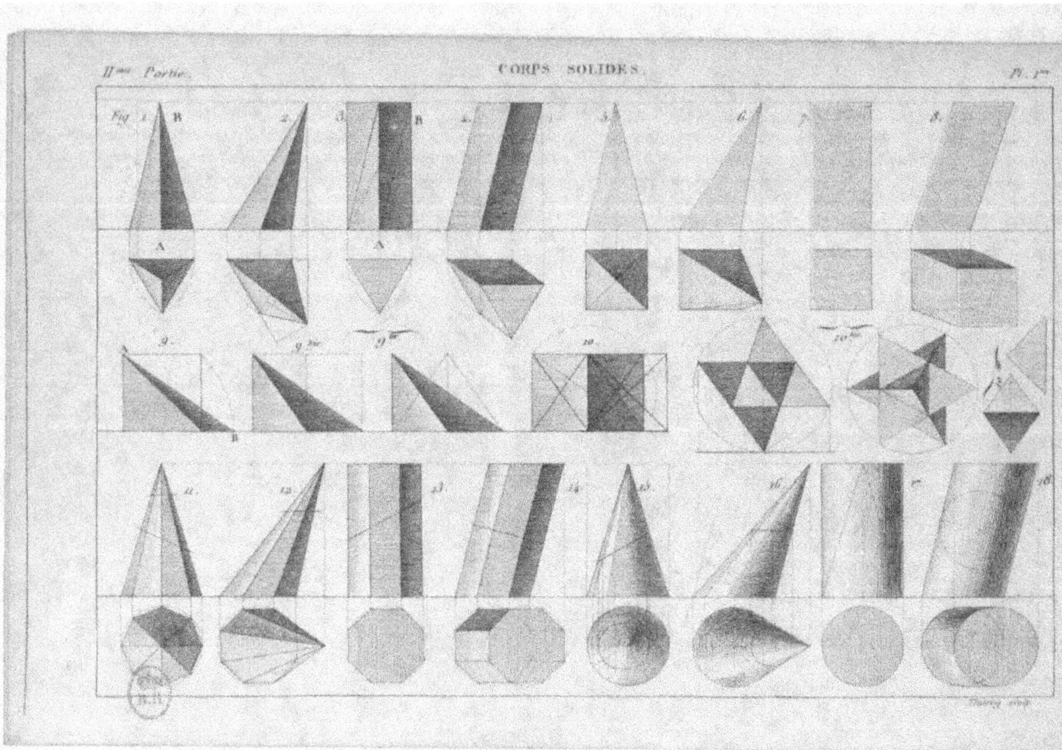
Fig. 1.
2.
3.
4.
5.
6.
7.
8.
9.
10.
11.
12.
13.
14.
15.
16.
17.
18.

DEUXIÈME PARTIE

DES CORPS SOLIDES

APPLICABLES A LA COUPE DES PIERRES,

OU COMPOSITION ET DÉCOMPOSITION DES CORPS.

Les corps sont terminés par diverses surfaces, et offrent une figure palpable et matérielle qui a longueur, largeur et hauteur ou épaisseur.

D'après les connaissances acquises dans la géométrie pratique, nous pourrons facilement acquérir celles des corps; la plupart des corps dérivant de la sphère peuvent y être inscrits comme étant le premier de tous les corps réguliers.

Planche 1re.

Figure 1re.

La pyramide triangulaire est le solide le plus simple de tous, puisqu'on ne peut former de solides à moins de quatre faces. Une pyramide régulière est celle dont la base est un polygone régulier, et la perpendiculaire menée du sommet tombe au centre de cette base; cette perpendiculaire est la hauteur de la pyramide. Dans une pyramide triangulaire régulière, son plan A, ou projection horizontale, est un triangle équilatéral, et ses trois autres faces sont trois autres triangles égaux et isocèles comme on le peut voir dans son développement, *Pl.* 2, *fig.* 1, et qui se réunissent à un sommet commun pour former ce solide en élévation B. Un solide peut être vu sous plusieurs aspects, c'est-à-dire en plan et en élévation qu'on nomme projections; la première est horizontale et la seconde verticale.

6

Fig. 2.

La pyramide triangulaire penchée ou oblique est celle dont l'axe ou ligne de milieu s'élève obliquement. Cette pyramide, quoique penchée, a la même quantité cubique que la précédente, si elle a même base et même hauteur; il en est des solides comme des surfaces (*voyez* la Géométrie, *Pl.* 2, *fig.* 39). On peut voir par son développement (*Pl.* 2, *fig.* 2) que les trois triangles qui forment cette pyramide ont même superficie ayant même base et même hauteur, ce qui prouve ce que nous avons avancé ci-dessus pour la pyramide. Pour connaître et mesurer exactement la quantité cubique d'une pyramide, on multipliera la surface de sa base par le tiers de sa hauteur, et l'on aura le produit cubique qui sera le tiers d'un prisme triangulaire, *fig.* 3, qui aurait même base et même hauteur, et le sixième d'un prisme quadrangulaire, ayant une base double et même hauteur, *fig.* 7.

Fig. 3.

Prisme triangulaire droit : A, projection horizontale ou plan ; B, projection verticale ou élévation ; ce prisme se divise en trois pyramides dont deux sont semblables, et la troisième, quoique différente de forme, a toujours même hauteur, ce qui fait qu'elles ont toutes trois même valeur cubique (*voyez* son développement, *Pl.* 2, *fig.* 3, 3 *bis* et 3 *ter*). On aura la mesure de son cube, ou quantité cubique, en multipliant la surface de sa base par sa hauteur.

Fig. 4.

Le prisme oblique ou penché aura aussi dans sa projection horizontale ou plan une inclinaison ou pente que l'on nomme rac-

courci ; quant à sa quantité cubique, elle s'obtient comme pour le précédent : ayant même base et même hauteur, il est également divisé en trois pyramides égales. Quoique inclinée ainsi, la pyramide penchée, *fig.* 2, vaudra autant que celle droite, *fig.* 1ʳᵉ, comme nous l'avons déjà dit.

Fig. 5.

La pyramide quadrangulaire régulière est nommée ainsi parce qu'elle a pour plan un carré parfait, et se termine par quatre triangles égaux qui lui font cinq faces ; la valeur cubique de cette pyramide est le tiers d'un prisme qui aurait même base et même hauteur ; les *fig.* 5, 6, 7 et 8 sont dans le même cas que celles décrites sous les nᵒˢ 1, 2, 3 et 4. Pour leurs développements, *voyez Pl.* 2, *fig.* 5, 6, 7 et 8.

Fig. 9.

Le cube ou hexaèdre est un solide composé de six faces carrées égales ; les faces opposées sont réciproquement parallèles entre elles ; il a la forme d'un dé à jouer. Le cube se divise en trois pyramides quadrangulaires égales, dont l'une de leurs arêtes AB, que l'on nomme diagonale, est la plus longue ligne qui puisse être tracée dans le cube, et qui nous servira de rayon dans le principe de la projection des ombres. On voit, dans la *Pl.* 2, *fig.* 9, le tracé du développement d'une des pyramides quadrangulaires formant le tiers de l'hexaèdre. On obtiendra sa solidité en multipliant la surface de sa base par sa hauteur, ce qui revient au même que de faire un produit de trois facteurs égaux chacun au côté du cube.

Les *fig.* 9 *bis* et 9 *ter* représentent deux de ces pyramides quadrangulaires projetées verticalement suivant la diagonale AB du cube.

Fig. 10, 10 bis et 10 ter.

L'hexaèdre ou cube renferme une étoile solide à huit pointes qui n'a pour valeur cubique que la moitié de l'hexaèdre d'où elle sort, on peut facilement se convaincre de cette vérité en décomposant l'hexaèdre en vingt-quatre pyramides triangulaires égales, et chacune d'elles formant la vingt-quatrième partie de l'hexaèdre, on en voit les développements *Pl.* **2**, *fig.* 10, 10 *bis* et 10 *ter*. Le noyau ou milieu de cette étoile est un octaèdre formé de quatre pyramides; il présente lui-même huit faces triangulaires sur lesquelles on placera huit autres pyramides triangulaires, ce qui en fera douze pour former l'étoile, il en faudra donc encore douze pour former le cube parfait.

Fig. 11.

La pyramide droite élevée sur un plan octogone inscrit dans un cercle présente huit faces triangulaires tendant à un sommet commun; on voit, *Pl.* **2**, *fig.* 11, le développement de cette pyramide. Pour tracer ce développement, on prendra pour rayon le côté incliné de la pyramide, et l'on tracera un grand arc de cercle, sur lequel on portera huit fois le côté de sa base ou plan; si dans cette pyramide on fait une section horizontale vers le sommet, on aura un octogone semblable, mais plus petit; si, au contraire, on fait une coupe oblique, on aura une section qui aura huit côtés, mais qui ne seront pas égaux, et seront inscrits dans une ellipse.

Fig. 12.

La pyramide oblique octogonale s'élève sur un plan comme la précédente; on voit, par son plan, que son sommet s'élève obliquement. La section ou coupe horizontale, faite vers son sommet, sera aussi un octogone parfait; on fera son développement, *Pl.* **2**, *fig.* 12, en prenant la longueur des côtes de la pyramide en partant du sommet.

Fig. 13.

Le prisme droit à huit faces s'élève verticalement sur un plan ou projection horizontale d'une forme octogonale et qui a tous ses angles égaux; le plan supérieur horizontal de ce solide est parfaitement semblable à son plan inférieur, ce qui fait que les faces opposées de ce prisme sont toutes réciproquement parallèles. On voit, *Pl.* **2**, *fig.* 13, le développement de ce prisme; la coupe oblique faite dans ce solide donnerait une projection de huit faces inscrites dans une ellipse; sa solidité ou valeur cubique s'obtient en multipliant la surface de sa base par sa hauteur.

Fig. 14.

Le prisme oblique a toutes ses faces semblables et parallèles comme dans le prisme droit; il a aussi la même valeur cubique comme ayant même base et même hauteur. Les pyramides, *fig.* 11 et 12, sont dans les mêmes rapports et n'ont en valeur cubique que le tiers du prisme.

Fig. 15.

Le cône droit est un solide qui a pour base ou plan un cercle; sa surface oblique se termine par un sommet qui est le centre d'un cercle dont le côté du cône représente le rayon, et serait aussi le rayon d'une sphère d'où ce cône pourrait être sorti : ainsi cette surface n'est qu'un secteur de cercle, comme on le voit par son développement, *Pl.* 2, *fig.* 15 ; sa valeur cubique est égale au produit de la surface du cercle qui lui sert de base par le tiers de sa hauteur. La section oblique faite dans le cône donne une ellipse parfaite.

Fig. 16.

Le cône oblique est celui dont le sommet ne tombe pas sur le centre de son plan ; il aura même valeur cubique que le cône droit, qui aurait même base et même hauteur. Si l'on faisait une coupe ou section perpendiculaire au côté oblique du cylindre, on aurait une ellipse parfaite ; mais si l'on fait des sections parallèles au plan horizontal, on aura des cercles. Le développement est tracé, *Pl.* 2, *fig.* 16.

Fig. 17.

Le cylindre droit est un solide terminé par trois surfaces, savoir : par deux cercles parallèles dont l'un est le plan inférieur, et l'autre le plan supérieur du cylindre ; la troisième est une surface verticale qui tourne perpendiculairement autour des deux cercles. Le développement est tracé, *Pl.* 2, *fig.* 17. Le cylindre a pour valeur cubique la surface de sa base par sa hauteur.

Fig. 18.

Le cylindre oblique ne peut avoir pour plan horizontal qu'une ellipse, car ce cylindre ne serait point rond de toute autre manière, comme nous venons de l'expliquer pour la *fig.* 17 de cette même planche ; on aura sa solidité en multipliant la surface de l'ellipse qui lui sert de base par sa hauteur. On voit également le tracé du développement de ce cylindre, *Pl.* 2, *fig.* 18.

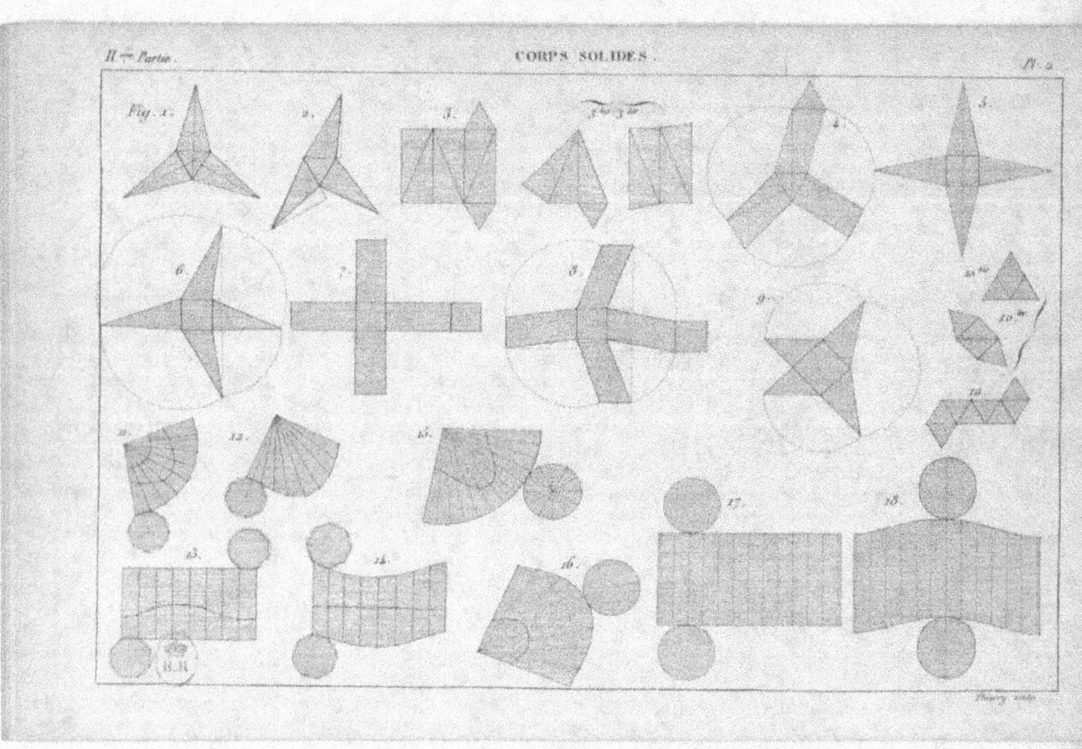
Fig. 1.

Planche 2.

FIGURE 1re. — *Développement de la pyramide droite* (1).

On observera, pour bien tracer ce développement, de prendre la vraie hauteur du triangle isocèle, comme on le voit tracé *Pl. 1, fig. 1.*

FIG. 2. — *Développement de la pyramide oblique.*

Pour tracer ce développement, on fera d'abord le triangle équilatéral au plan, puis, après avoir tracé sur le plan de la *Pl. 1, fig. 2*, des lignes perpendiculaires, du sommet de cette figure et sur chaque côté prolongé de son plan, on en prendra les différences, que l'on portera sur ceux du plan développé de la *Pl. 2*; puis, en prenant la hauteur perpendiculaire du sommet sur le solide, *Pl. 1, fig. 2*, on le reportera au développement, *fig. 2*, et l'on aura la pyramide développée sur le plan de sa base.

FIG. 3. — *Développement du prisme triangulaire.*

Cette figure présente deux faces triangulaires, les trois autres sont des parallélogrammes qui donnent six triangles.

FIG. 3 *bis*, 3 *ter*.

Ces figures sont assez faciles à tracer; on voit, d'ailleurs, qu'elles dérivent de la précédente et qu'elles forment des pyramides triangulaires pour recomposer le prisme.

(1) On a fait les développements moitié de grandeur pour ménager la place. Les élèves devront construire les tracer au quadruple.

FIG. 4.

Ce prisme oblique ne demandera pas moins d'attention que la pyramide pour trouver la longueur de l'un de ses côtés; ils sont tous trois égaux.

FIG. 5.

Le développement de cette pyramide quadrangulaire droite est facile à exécuter.

Pour les *fig.* 6, 7 et 8, on usera des mêmes moyens d'exécution que nous venons d'employer.

FIG. 9.

Cette figure est le développement d'une pyramide quadrangulaire oblique faisant le tiers d'un cube.

FIG. 10.

Le développement de l'octaèdre, faisant le noyau ou centre de l'étoile indiquée *Pl. 1, fig. 10 bis.*

FIG. 10 *bis*, 10 *ter*.

Développement de deux pyramides triangulaires faisant partie de la décomposition du cube en 24 pyramides.

FIG. 11.

Développement de la pyramide octogonale droite; son sommet est le centre d'un cercle, et son côté le rayon.

Fig. 12.

Le développement de la pyramide octogonale oblique n'est point décrit d'un arc de cercle, mais sa forme est décrite au moyen de distances prises sur l'élévation et le plan de ce solide, *Pl.* 1, *fig.* 12.

Fig. 13.

Développement du prisme octogonal droit. On voit deux octogones réguliers égaux : l'un est le plan supérieur et l'autre le plan inférieur du solide ; les huit faces verticales sont développées et se joignent ensemble, et ont pour largeur le côté de l'octogone ; la coupe ou section oblique qu'on y voit tracée se prend sur le solide vu en élévation.

Fig. 14.

Le développement du prisme oblique est différent de celui que nous venons de décrire, en ce que les lignes qui terminent chaque face latérale du solide ne forment point de parties égales ; mais, sur les bords supérieur et inférieur de ce développement, qui forment des portions de polygones, les divisions y sont égales en ce que les plans supérieur et inférieur de ce prisme sont des octogones réguliers égaux, et que la coupe ou section faite perpendiculairement au côté du prisme ne sera point un octogone régulier.

Fig. 15.

Développement du cône droit. Son plan ou projection horizontale est un cercle parfait ; sa projection verticale ou partie en élévation est représentée en développement par un segment de cercle, dont le centre est le sommet du cône, et les rayons les côtés.

Fig. 16.

Développement du cône oblique qui a pour base un cercle ; pour tracer ce développement, on pourra faire de même que pour la pyramide octogonale, *fig.* 12 de cette planche. Le tracé du développement de la circonférence de sa base se fera avec une règle courbe nommée *pistolet*, de manière à ce que trois points au moins coïncident avec la courbure du pistolet.

Fig. 17.

Le développement du cylindre droit a pour plans supérieur et inférieur deux cercles égaux, le développement de la partie verticale ou élévation du cylindre est représenté par un parallélogramme rectangle dont le plus grand côté est la circonférence développée du cercle ou plan du cylindre.

Fig. 18.

Le développement du cylindre oblique aura la même longueur que celui droit ; mais ses bords supérieur et inférieur offrent des lignes courbes qui ont plus de développement que la section perpendiculaire à l'axe, ce qui fait que les plans supérieur et inférieur du cylindre sont elliptiques ; on fera le développement suivant une section perpendiculaire à l'axe, comme pour la *fig.* 17 de cette planche.

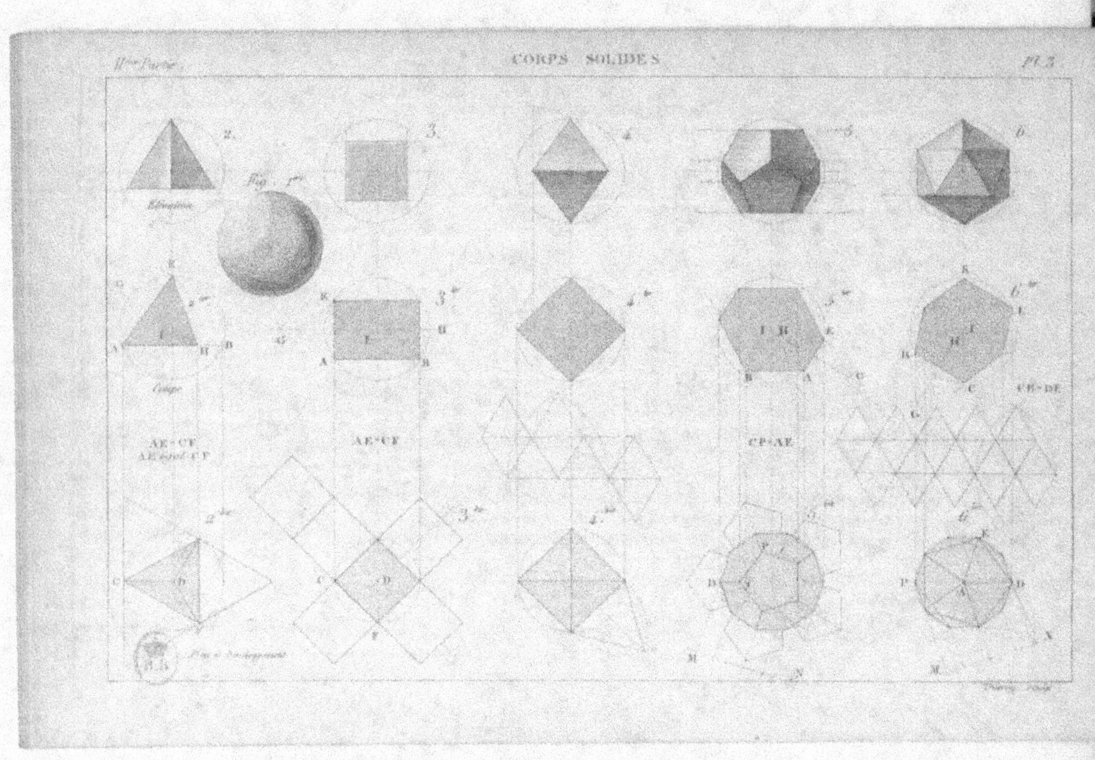

Planche 3.

FIGURE 1re. — *De la sphère.*

La sphère ou globe est un corps solide terminé par une seule surface courbe dont tous les points sont également éloignés d'un autre point intérieur qui en est le centre; la distance du centre à chaque point de la surface de la sphère en est le rayon. La surface de ce corps est quatre fois celle d'un de ses grands cercles, qui est un de ceux dont le rayon est égal à celui de la sphère. Pour connaître la cubature ou le volume de ce solide, il faut multiplier la superficie d'un grand cercle par les deux tiers de son diamètre.

Fig. 2, 2 *bis* et 2 *ter*. — *Du tétraèdre régulier.*

Ce solide se termine par quatre triangles équilatéraux; sa forme est pyramidale et parfaitement régulière; il est le solide le plus simple, puisqu'on ne peut en former à moins de quatre faces; il a six arêtes, et ses quatre sommets sont également distants de son centre, et, par conséquent, inscriptibles dans la sphère. La *fig. 2 bis* représente le plan et le développement du solide; la *fig. 2 ter* représente le profil ou coupe verticale du tétraèdre.

Fig. 3, 3 *bis* et 3 *ter*. — *De l'hexaèdre régulier, ou cube.*

Ce solide, terminé par six surfaces carrées qui sont réciproquement parallèles, peut être inscrit dans la sphère, ainsi que tous les solides réguliers; il a douze arêtes et huit sommets; l'un de ces sommets détermine le point lumineux de la sphère et donne l'inclinaison du rayon qui détermine le principe des ombres. L'hexaèdre se partage en trois pyramides quadrangulaires égales (*voir Pl. 1,* *fig. 9, 9 bis et 9 ter*) dont le plus grand côté est la plus longue ligne qui puisse être tracée dans le cube, appelée diagonale du cube, qui aboutit de l'un à l'autre de ses sommets opposés; ces pyramides ont pour base trois faces du cube; il se divise aussi en six pyramides quadrangulaires égales dont les sommets se réunissent en un seul point commun, qui est le centre du cube; leurs bases sont les six faces du cube. L'hexaèdre se divise encore en vingt-quatre pyramides, ce qui donne lieu à une étoile solide dans le cube, et dont le noyau est l'octaèdre (*voir* la planche précédente, *fig. 10, 10 bis et 10 ter*). Le tétraèdre est naturellement inscrit dans le cube: ses quatre sommets faisant point commun avec quatre de l'hexaèdre, il résulte de là que l'octaèdre lui est aussi inscrit, puisqu'il est lui-même inscrit dans le tétraèdre.

Fig. 4, 4 *bis* et 4 *ter*. — *De l'octaèdre régulier.*

Ce solide est formé de huit faces triangulaires équilatérales; il est inscriptible dans la sphère; il a douze arêtes et six sommets, qui sont à égale distance du centre. Ce solide est aussi le centre ou noyau d'une étoile solide formée de huit tétraèdres disposés sur les huit faces de l'octaèdre; cette étoile est inscrite dans l'hexaèdre, comme nous l'avons dit ci-dessus, et ce solide n'a pour volume que la moitié de l'hexaèdre dont il sort.

Fig. 5, 5 *bis* et 5 *ter*. — *Du dodécaèdre régulier.*

Ce solide est formé de douze faces pentagonales, trente arêtes et vingt sommets tous également distants du centre de la sphère où il peut être inscrit.

Pour avoir le plan d'un dodécaèdre, on tracera un cercle d'un rayon pris à volonté, puis on divisera ce cercle en dix parties égales pour avoir un décagone ou figure de dix côtés ; ensuite , pour avoir une des faces de ce solide et la vraie longueur d'une de ses arêtes, on divisera en deux le rayon des grands cercles, et l'on tracera une ligne verticale ; il sera facile de tracer les autres côtés en opérant de même. Ce plan étant tracé, on pourra opérer pour tracer la coupe verticale, *fig.* 5 *ter* ; l'élévation, *fig.* 5, sera construite d'après les hauteurs prises sur le profil, et les largeurs prises sur le plan suivant la ligne MN.

Fig. 6, 6 *bis* et 6 *ter*. — *De l'icosaèdre régulier.*

L'icosaèdre est un solide formé de vingt faces triangulaires et équilatérales ; il a trente arêtes et douze sommets qui toucheront tous à la sphère dans laquelle ce solide peut être inscrit.

Pour tracer le plan de l'icosaèdre, on fera une figure de dix côtés ou décagone ; puis, pour avoir la coupe, *fig.* 6 *ter*, on élèvera une verticale du point P, et, d'un point B pris sur la ligne verticale PB, on portera le rayon BC par un arc indéfini ; ensuite, élevant une autre verticale du point A, sa rencontre sur l'arc déterminera le point C ; on joindra les points B et C par une droite sur le milieu de laquelle on élèvera la perpendiculaire GH, qui

rencontrera la verticale CK au point I, centre du cercle cherché. Par le point K, on mènera une parallèle KL à CB, et la coupe verticale de l'icosaèdre sera facilement achevée ; les hauteurs déterminées dans cette coupe serviront à porter les hauteurs en élévation, et les largeurs seront prises sur la ligne MN du plan.

Manière de tracer le rayon des cercles, et diamètres des sphères dans lesquelles ces cinq solides peuvent être inscrits.

Après avoir construit le plan et le développement de chacune des *fig.* 2, 3 et 4, etc., on construira les coupes verticales de chacun de ces solides en opérant de cette manière : On tracera une base quelconque AB, *fig.* 2 *ter* ; puis, des points CD du plan, élevant des verticales jusqu'en AE, et prenant pour ouverture un rayon CF du tétraèdre, on le portera, par un arc, sur le profil, *fig.* 2 *ter*, de A en E, et l'on tracera la ligne AE sur laquelle on élèvera la ligne perpendiculaire GH, qui, coupant sur la verticale DE, donnera le centre I pour tracer le cercle de la sphère à laquelle les angles de ces solides doivent toucher.

Pour les solutions relatives aux surfaces et volumes des polyèdres réguliers, *voir* la GÉOMÉTRIE STÉRÉOGRAPHIQUE OU RELIEFS DES POLYÈDRES, *avec* 35 *planches, dont* 24 *sur carton et découpées de manière à pouvoir donner la représentation réelle des corps, etc.*, par MARIE ; 1 vol. in-8° ; Paris, 1835, 8 fr.

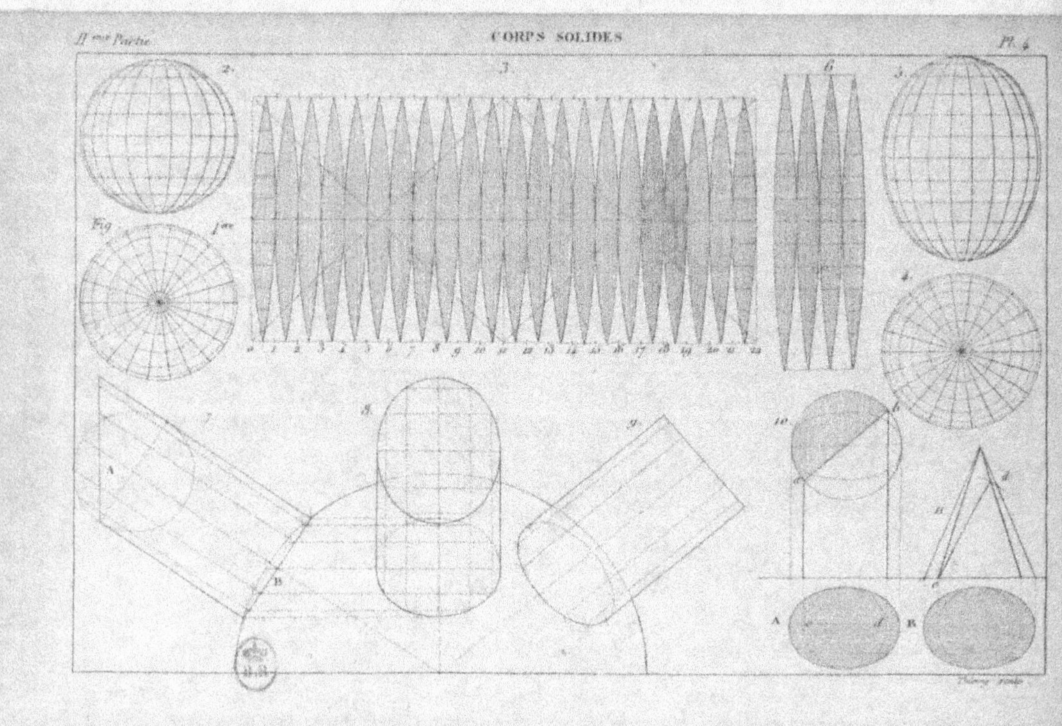
Fig. 1.ere
2.
3.
5.
6.
4.
A
B
7.
8.
9.
10.
A
B

Planche 4.

FIGURES 1, 2 et 3.

Nous avons déjà donné la description de la sphère sur la *Pl. 3, fig. 1*. Nous ne donnons ici que le moyen pour parvenir à l'exécuter en matière quelconque. On sait qu'avec un tour on peut exécuter de petites sphères; mais, pour en exécuter de grandes dimensions, comme des globes terrestres, il faut employer le moyen du développement de la sphère par fuseaux. On trouvera facilement la forme de ces fuseaux en formant des tranches verticales rayonnantes au centre de la sphère au nombre de 22, et de 11 tant en plan ou projection horizontale, *fig. 1*, qu'en élévation ou projection verticale, *fig. 2*. L'intersection de ces deux projections, qui sont toujours des cercles, donnera, dans le plan, les largeurs qui serviront à trouver la forme des vingt-deux fuseaux en développement, comme on le voit *fig. 3*.

Fig. 4, 5 et 6.

Le développement du sphéroïde ou sphère elliptique se tracera à peu près de la même manière que celui de la sphère; seulement, on remarquera que les fuseaux sont plus allongés.

Fig. 7.

Pénétration ou section d'un cylindre sur une sphère. L'intersection de ce cylindre avec la sphère produira un cercle de la grosseur du cylindre, et, par son profil, une ligne droite égale au diamètre de ce cylindre, pourvu que son axe AB tende au centre de la sphère.

Fig. 8.

Projection du même cylindre, en élévation ou de face. On voit que la partie opposée de ce cylindre, à celle qui pénètre la sphère, est coupée obliquement à son axe et présente une ellipse.

Fig. 9.

Plan ou projection horizontale du même cylindre. On voit que la section elliptique faite sur ce cylindre ne présente plus, en ce sens, qu'une ligne droite, par la raison qu'elle se trouve dans la direction de l'œil du spectateur

Fig. 10.

Cette figure peut être considérée comme cylindre elliptique ou cylindroïque. On peut néanmoins reproduire un cercle parfait par une section faite de manière à ce que, portant la longueur du grand axe AB de *a* en *b* entre les verticales menées des extrémités *c* et *d* du petit axe, on obtienne une section circulaire, et toutes les lignes tracées dans ce sens produiront des cercles.

Fig. 11.

Si sur un cône elliptique on trace la section *c*, *d* prise égale à la longueur du grand axe de l'ellipse formant le plan de ce cône, on pourra croire que cette section donnera un cercle, par la raison que la section oblique, faite sur un cône élevé d'un plan circulaire, donne une ellipse.

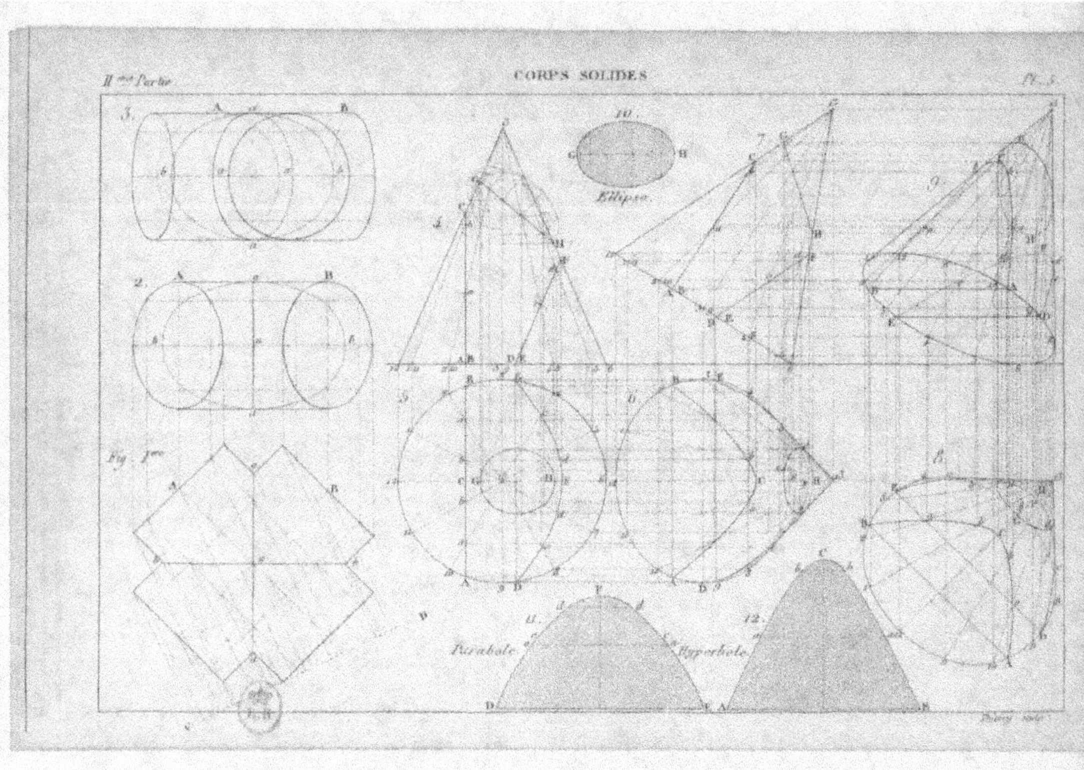
Ellipse.
Parabole.
Hyperbole.
Fig. 1ere.

Planche 5.

FIGURE 1re.

Pénétration de deux cylindres égaux formant arête en ligne droite dans sa projection horizontale.

Fig. 2.

Projection verticale des deux cylindres vus dans la direction de l'arête a, a; l'arête b, a, b de la projection horizontale du plan est représentée en projection verticale par la forme d'une ellipse b, a, b, a.

Fig. 3.

Projection verticale et biaise des mêmes cylindres prise sur la ligne CD du plan; alors les arêtes ou pénétrations que forment ces deux cylindres donneront des ellipses a, b, a, b et a, a, a, a, qui seront applicables à des voûtes en arêtes.

Fig. 4, 5, 6, 7, 8, 9.

Ces figures sont le cône représenté dans diverses positions, afin de bien faire concevoir la forme et la projection des trois sections de ce solide, qui sont l'ellipse GH, la parabole DEF et l'hyperbole ABC.

Fig. 10, 11 et 12.

Ces figures sont les images ou coupes de ces mêmes sections.

Manière d'exécuter le cône sous divers aspects.

On fera d'abord un triangle isocèle à volonté, *fig.* 4, et l'on tracera dessus, par des points pris à volonté, les trois sections : l'une, nommée *ellipse* GH, est menée obliquement; l'autre section DEF, nommée *parabole*, est faite parallèle au côté du cône; enfin la section ABC, nommée *hyperbole*, s'obtient en menant un plan parallèle à l'axe du cône. Puis on fera le plan, *fig.* 5, en traçant un cercle d'un rayon égal à la moitié de la base du cône. On divisera ce cercle en douze parties égales dont on mènera autant de rayons à son centre; on projettera également ces rayons sur l'élévation du cône par les points 1, 2, 3, 4, 5, etc., que l'on tracera au sommet 13; ces lignes donneront le moyen de projeter en plan les sections que nous avons tracées dans l'élévation par leurs intersections correspondantes indiquées par de petites lettres. Ensuite on inclinera à volonté, *fig.* 7, le même cône, et, par le moyen des horizontales menées du plan, *fig.* 5, et des verticales abaissées de la *fig.* 7, on construira un autre plan, *fig.* 6, qui, étant replacé suivant une direction de 45 degrés, comme dans la *fig.* 8, servira à produire la *fig.* 9 par des verticales élevées de ce même plan; et, par l'intersection des horizontales menées du profil, *fig.* 7, on aura les courbes que forment les trois sections de la *fig.* 9. Ces courbes seront tracées à la main avec le plus grand soin; les courbes seront tracées plus exactement en employant une règle nommée *pistolet*. On pourra aussi construire les courbes de ces trois sections, en portant les hauteurs prises sur le profil, et en portant les largeurs prises sur le plan.

Planche 6.

Figure 1re.

Nous donnons encore ici le cône avec toutes ses sections, mais d'une autre manière, pour faire voir que l'on peut trouver ses projections en plan et en élévation par des intersections de tranches horizontales marquées 1, 2, 3, 4, *fig.* 1, qui sont autant de cercles représentés dans le plan, *fig.* 2, et donnent, par conséquent, des points à leurs rencontres avec les sections faites sur le cône; ce qui servira à tracer les courbes que forment ces mêmes sections, en plan et en élévation, *fig.* 2 et 3, et même à tracer leurs formes réelles vues de face suivant leurs coupes, *fig.* 4 et 5.

Fig. 6.

Tracer une hyperbole sur un cône par le même moyen que nous venons d'indiquer dans les *fig.* 1 et 2.

Nous allons parler ici de différentes courbes que produit la pénétration des corps solides; mais nous prendrons garde de les confondre avec leurs propres sections dont nous venons de parler. Cependant il y a des cas où les corps font pénétration et section tout à la fois; par exemple, en la *Pl.* 4, *fig.* 7, 8 et 9. Lorsqu'un cylindre droit pénètre une sphère dans la direction de son centre, il donne un cercle parfait pour pénétration, et une ligne droite sur la sphère pour section, *fig.* 7; ainsi ces deux solides forment ensemble pénétration et section.

Fig. 7, 8, 9.

Ces figures présentent un demi-cylindre, ou voûte plein cintre, que pénètrent successivement un cône droit et un cylindre oblique. Dans la figure ombrée, le demi-cylindre est représenté en entier par A.

Fig. 10, 11.

Demi-cylindre, ou voûte plein cintre, pénétré par un cylindre vertical et un cylindre horizontal vu par le bout suivant un cercle, comme dans la figure ombrée B.

Fig. 12, 13.

Demi-sphère que pénètrent un cylindre et un cône droit. L'axe du cylindre et du cône fait une seule droite qui passe par le centre de la sphère, comme le montre la figure ombrée C.

Fig. 14. — *Pénétration oblique d'un cylindre dans un autre cylindre d'un diamètre plus gros.*

On remarquera que le petit cylindre qui pénètre le gros est dans la direction de 45 degrés sur son plan, et qu'il paraît l'être aussi sur son élévation; mais, eu égard à la direction de ce cylindre sur son plan, celle de l'élévation est biaise en deux sens, ce qui lui donne l'apparence de la même direction que celle du plan; mais il n'est effectivement incliné en élévation, pris d'équerre à sa péné-

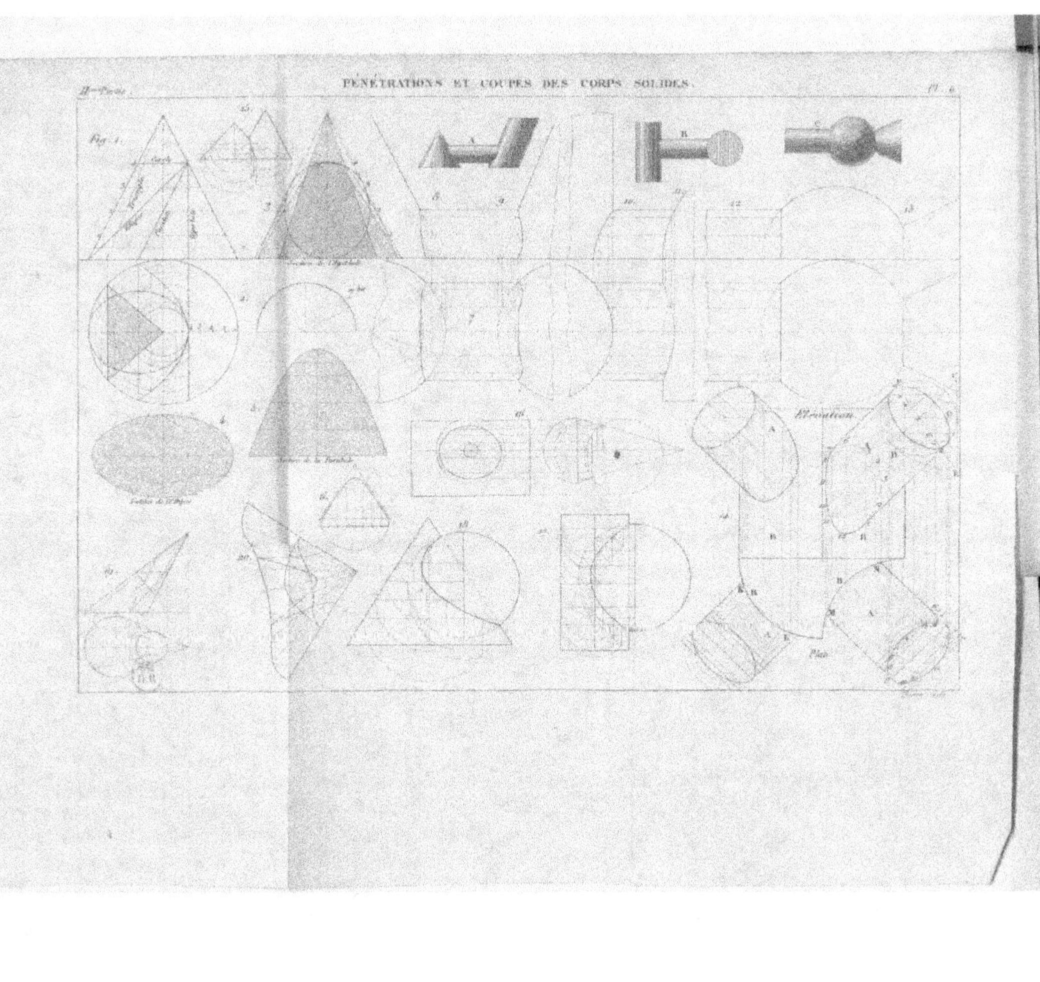

tration, que de 35 degrés 16 minutes. Aussi, pour trouver l'ellipse que forme la partie concave MN d'un cylindre à sa coupe droite A, nous avons supposé que cette ellipse était l'ombre propre d'une sphère, et, pour la trouver, nous avons opéré de même que si nous eussions voulu trouver cette ombre (*voyez Pl.* 2 et *Pl.* 6 du tracé des ombres); on voit que ce même cylindre, pénétrant dans un cylindre convexe KL, y projette une courbe dans une position renversée de haut en bas.

Application de la pénétration oblique de deux cylindres à l'étude des ombres.

Par l'ombre portée de la sphère dans une niche représentant un demi-cylindre creux ou concave faisant tout à la fois une projection et une pénétration dans un cylindre, car les rayons de la lumière forment autour de la sphère un cylindre d'ombre qui, étant intercepté par le demi-cylindre creux de la niche, donne la projection que l'on y aperçoit; si au contraire cette même pénétration a lieu sur un cylindre convexe, la forme de la pénétration sera renversée de haut en bas, comme on le voit tracé par l'épure suivante dont nous allons donner l'explication.

Manière de construire l'épure de la fig. 14.

Après avoir tracé les cylindres B et A en plan et en élévation, on opérera de cette manière. Ayant tracé un cercle d'un rayon égal à la moitié de la grosseur du cylindre A, sur l'élévation et du point O, extrémité du rayon horizontal, on mènera une tangente qui fera un angle de 45 degrés avec l'axe du cylindre au point C;

prenant ce point pour centre, avec CD pour rayon, on décrira un arc DE; de ce point E, et par le centre du cercle, on tracera un diamètre EF, que l'on divisera par parties et par demi-parties égales; par ces points sur le diamètre, on mènera des tranches horizontales que l'on projettera en plan A par des cercles; puis, projetant aussi en plan les points 0, 1, 2, 3, 4, 5, 6, par des lignes droites perpendiculaires à l'axe du cylindre A du plan, l'intersection de ces lignes avec les cercles déjà tracés donnera les points de passage pour tracer l'ellipse que forme ce cylindre dans cette position; puis, par des lignes perpendiculaires élevées du plan, on aura la même ellipse en élévation, et ensuite, des points qui ont servi à tracer la forme de l'ellipse, on tracera, du plan et de l'élévation, des lignes à 45 degrés, et celles du plan rencontrant la trace MN du cylindre B donneront les points pour élever des verticales, et enfin leurs rencontres avec les lignes à 45 degrés tracées des points 0, 1, 2, 3, 4, 5, 6 de l'élévation, donneront les points numérotés de 1 à 12, correspondants aux points de passage, pour tracer la courbe d'intersection que forme la pénétration de deux cylindres.

On remarquera que les sections des sphères, sphéroïdes, cônes, cylindres, faites par des plans ou sections horizontales, sont toujours du nombre de celles qu'on appelle sphériques, et que, lorsqu'elles sont parallèles, elles sont toujours semblables. Quelle que puisse être la section de ces corps, qui se pénètrent, soit à l'égard de leurs axes ou de leurs côtés, on trouvera toujours sur chaque tranche l'intersection de deux de ces courbes, qui se forment par la rencontre de deux surfaces; ce qui suffit pour suppléer, dans la pratique, à ce qui peut manquer à la théorie, comme les paraboloïdes, hyperboloïdes, conoïdes, et autres courbes de ce genre.

En voici l'exemple, *fig.* 15. On fera pénétrer deux cônes droits d'inégales hauteurs, et l'on fera des coupes par des plans horizontaux que l'on rapportera par les cercles qu'ils produisent en les traçant de l'axe de chaque cône, et, se croisant réciproquement ensemble, ils donneront des points pour élever des lignes verticales qui, rencontrent les sections horizontales faites sur les cônes, donneront à leurs rencontres correspondantes les points de passage pour tracer la courbe que forme la pénétration de ces cônes. On opérera de même pour les figures qui suivent; comme, pour la pénétration du cône dans un cylindre, *fig.* 16; pour la pénétration de la sphère et d'un cylindre, *fig.* 17, et pour la pénétration d'un cône avec la sphère, *fig.* 18; on aura attention de faire rencontrer les plans des sections faites horizontalement, en partant toujours de l'axe de chaque solide.

Fig. 19 et 20

Plan, élévation et développement d'un cône oblique avec ses sections elliptiques, paraboliques et hyperboliques.

Nous pensons être agréable à ceux de nos lecteurs qui désireraient étudier les principes de la théorie des projections en leur indiquant l'ouvrage le plus élémentaire ayant pour titre : *Complément de Géométrie*, ou *Éléments de Géométrie descriptive* ; par Lacroix, 1 vol. in-8°. Paris, 1810.   3 fr.

FIN DE LA DEUXIEME PARTIE.

TROISIÈME PARTIE

PROJECTION DES OMBRES.

Après avoir fait l'étude des corps solides, nous avons cru devoir la faire suivre de celle des ombres, comme étant plus facile que celle de la coupe des pierres, en ce que les ombres ne sont que des projections ou peintures des corps les uns sur les autres, tandis que le trait de la coupe des pierres est la pénétration des corps entre eux, ce qui offre des difficultés que la connaissance des ombres fera lever plus facilement.

Notion préliminaire sur les ombres.

On adopte, pour les dessins d'architecture, les dimensions géométrales des corps sur des plans perpendiculaires entre eux ; on est convenu, pour ombrer ces dessins, d'exprimer les effets de la lumière, dans la supposition où la direction de ses rayons forme un angle de 45 degrés avec l'horizon en projection verticale, et le même angle de 45 degrés avec les lignes de front en projection horizontale. Il en résulte que les ombres portées en plan et en élévation sont égales aux saillies des arêtes verticales et horizontales qui portent ces ombres, ce qui peut suppléer aux autres moyens d'indiquer leurs saillies.

On observera qu'il n'est ici question que des corps dont les faces sont perpendiculaires entre elles, et dont les images sont projetées parallèlement à ces faces ; si une face verticale est perpendiculaire au rayon solaire (voir *Pl.* 1, *fig.* 6), alors le soleil fait avec l'horizon un angle de 35 degrés 16 minutes, et la saillie d'un larmier portera une ombre moins haute sur la face verticale perpendiculaire au rayon que la saillie du même larmier sur la face verticale parallèle au spectateur. Par la même raison, un objet quelconque tel qu'un bâton ou un pan de mur, qui porteront leurs ombres par terre, produiront des ombres plus longues que les corps qu'ils portent ; on en voit des exemples dans les figures qui composent la *Pl.* 1 et les suivantes dans leurs différents objets représentés.

Il résulte de ces explications que, si l'on fait venir les rayons du soleil dans une direction de 45 degrés par une ligne tracée en plan horizontal, que ses rayons plongeants ne devront former qu'un angle de 35 degrés 16 minutes avec l'horizon pour que les objets éclairés et ombrés paraissent également ombrer à 45 degrés de face au spectateur; on voit, dans la *Pl. 1, fig. 1*, que le rayon solaire sur le plan horizontal est dirigé suivant la diagonale d'un carré, et que le même rayon oblique plongeant est dirigé suivant la diagonale d'un cube qui forme un angle de 35 degrés 16 minutes. Cette dernière ligne est l'hypoténuse du côté et de la diagonale de la base du même cube.

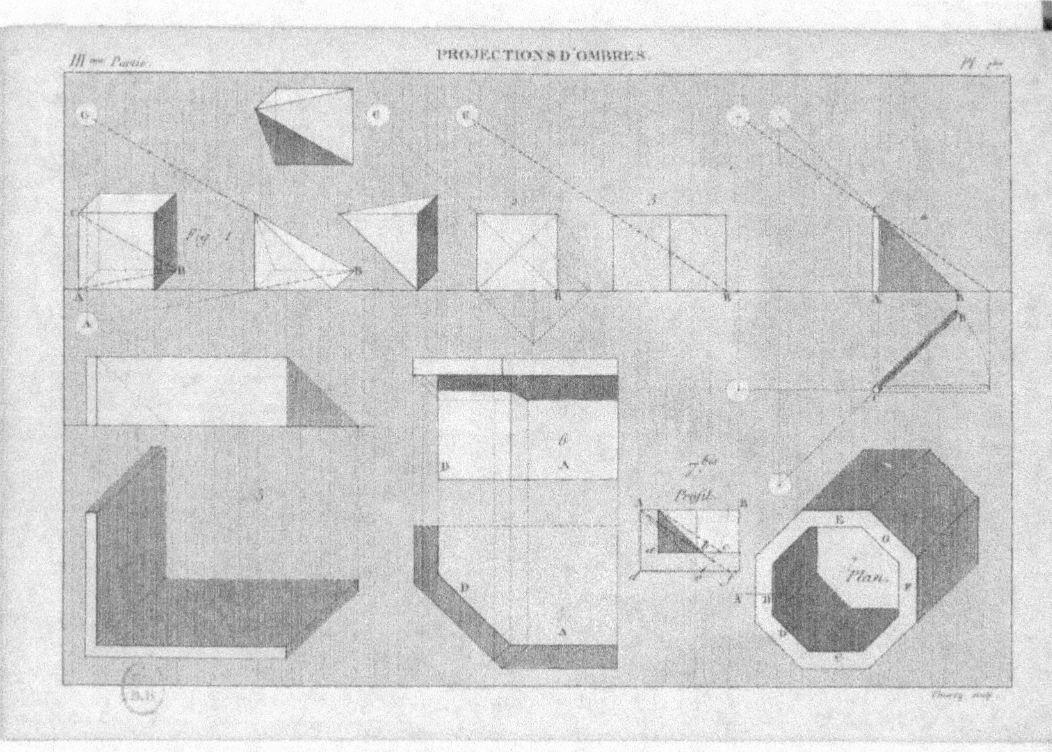
Fig. I
Profil.
Plan.

Planche 1re.

Figure 1re. — *Du rayon lumineux et de sa situation, eu égard à la position du spectateur.*

On observera que la direction du rayon lumineux AB du plan, ou pris horizontalement, est la diagonale d'un carré ou face d'un cube, qui a 45 degrés pris de la ligne horizonale de front, et que le rayon lumineux plongeant CB est la ligne qui passe d'un angle opposé à l'autre d'un cube, et sert à le diviser en trois pyramides quadrangulaires égales ; cette ligne forme avec l'horizon un angle de 35 degrés un quart, qui est l'élévation à laquelle le soleil doit être pour éclairer visiblement les objets, à 45 degrés, par rapport à la position du spectateur ; d'où il résulte que le rayon du soleil est réellement incliné à 35 degrés un quart, et qu'il paraît l'être à 45 degrés, parce qu'il est raccourci, par la raison qu'il vient obliquement, eu égard à la position du spectateur et de l'objet qu'il éclaire.

Fig. 2 et 3.

Ces deux figures nous montrent généralement le développement et le raccourci du rayon plongeant CB dont nous venons de parler ci-dessus.

Fig. 4.

On peut encore représenter d'une manière plus sensible la direction du rayon solaire par un bâton CA planté perpendiculairement en terre, représentant le côté AC du cube ou hexaèdre ; on verra, par le plan C de ce bâton, que son ombre portée est plus longue que le bâton lui-même, par la raison que le soleil n'est élevé de l'horizon qu'à 35 degrés un quart, et que, supposant la partie ombrée en élévation, *fig.* 4, comprise entre CAB, elle forme bien un angle de 45 degrés, par la raison que ce rayon est raccourci à l'œil du spectateur, et qu'il forme un angle de 45 degrés à la ligne de front dans son plan horizontal CB.

Fig. 5.

Cette figure représente un mur en plan et en élévation qui reproduit l'effet que nous venons d'exposer, par la *fig.* 4, mais dans une plus grande étendue d'ombre.

Fig. 6.

Par la même raison qu'un bâton planté en terre porte une ombre plus longue que lui-même dans son plan horizontal, on verra, *fig.* 6, sur un mur D élevé verticalement et de face au soleil, une ombre portée plus courte que la saillie qui la projette, par la raison que le soleil n'est qu'à 35 degrés un quart d'élévation à l'horizon ; mais on voit que la face A qui est de front au spectateur est ombrée différemment, quoique éclairée cependant de même, et que la tablette ou saillie porte une ombre égale à sa saillie, ce qui vérifie notre manière d'opérer.

FIG. 7 et 7 *bis.*

Application de l'ombre portée par une auge octogonale.

La *fig.* 7 présente le plan, et la *fig.* 7 *bis* la coupe ou profil suivant la ligne AB; on prendra sur le profil la distance *ab* pour l'étendue de l'ombre des côtés B, C projetée dans l'intérieur de l'auge, et *ac* sera la longueur de l'ombre du côté D perpendiculaire à la direction du rayon de lumière; on aura l'ombre portée à l'extérieur en prenant *de* pour l'étendue de l'ombre des côtés E, F, et *df* sera la longueur de l'ombre portée par le côté G. On observera que l'ombre projetée par le bord extérieur de l'auge est plus longue que celle projetée dans l'intérieur. Cette dernière ombre est diminuée, suivant la direction de la lumière, de l'épaisseur du fond de l'auge.

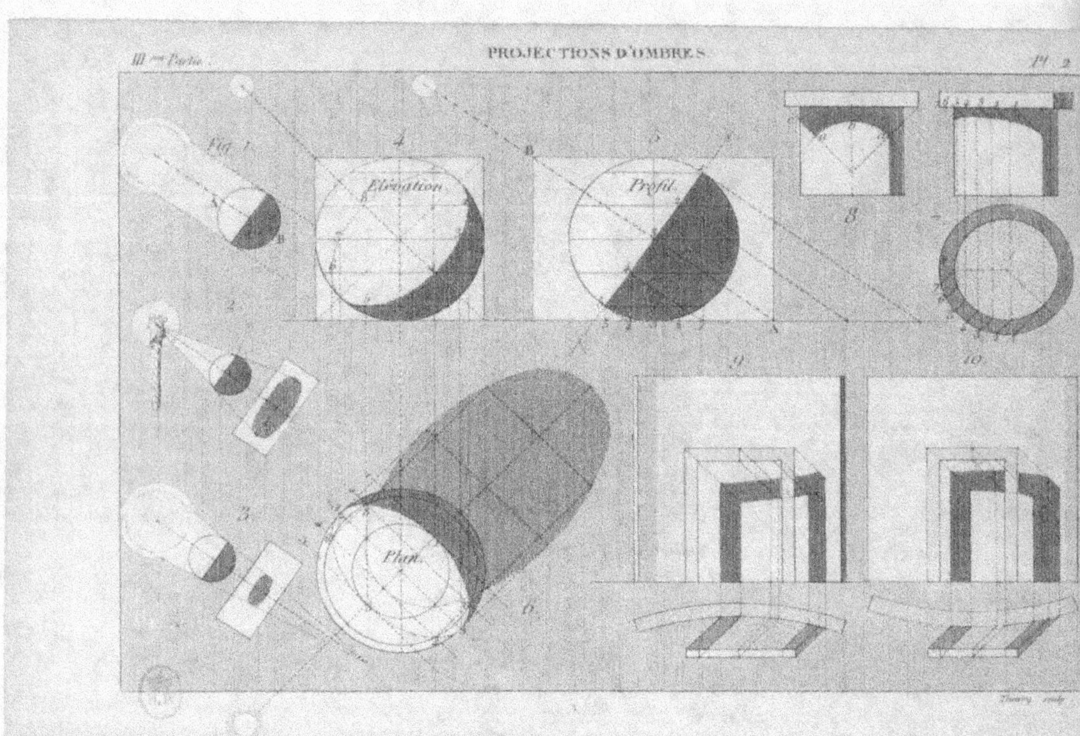
Fig. 1
Elevation.
Profil.
Plan.

Planche 2.

FIGURE 1ʳᵉ. — Des ombres propres et des ombres portées.

Lorsque le soleil éclaire les objets qui nous environnent, ses rayons, sensiblement parallèles et venant en ligne droite, ne frappent qu'une partie de la surface des corps qu'il éclaire ; l'autre partie de cette surface, hors de l'effet de la lumière directe, n'est visible que par l'effet de la lumière réfléchie. La partie A d'un corps, *fig.* 1, ainsi présenté à la lumière, est dite éclairée, l'autre partie B est dite dans l'ombre, et nous appellerons *ombre propre* d'un corps cette partie de sa surface opposée à celle éclairée ; le parallélisme des rayons du soleil fait qu'un corps, comme une sphère exposée à la lumière directe de cet astre, a exactement l'une de ses moitiés éclairée et l'autre dans l'ombre. Si l'on place derrière cette sphère, à une distance quelconque, une surface plane perpendiculaire à l'axe des rayons de la lumière qui seront tangents à un grand cercle de la sphère, ces rayons se prolongeront jusque sur cette surface plane et y détermineront une ombre circulaire égale à l'un des grands cercles de la sphère ; cette ombre est dite *ombre portée.*

Fig. 2.

Si une sphère ou globe n'est éclairé que par un seul point de lumière, tel que celle d'un flambeau, la partie de la sphère éclairée sera beaucoup moindre que celle dite dans l'ombre, et l'ombre du globe, portée sur un plan perpendiculaire à l'axe lumineux du flambeau, sera d'un diamètre plus grand que la sphère à raison de l'éloignement du plan sur lequel elle se portera ; cette ombre sera la base d'un cône dont le flambeau serait le sommet, et les lignes ou rayons qui en forment les côtés se nommeront *divergents.*

Fig. 3.

Si, au contraire, un globe ou sphère est éclairé par un autre globe lumineux plus gros, les rayons qu'il portera seront *convergents,* et, par conséquent, la partie de la sphère qu'il éclairera sera plus grande que la partie ombrée, et l'ombre de la sphère, portée sur un plan perpendiculaire à l'axe lumineux, sera d'autant plus petite qu'elle se réduit à un point qui est le sommet d'un cône dont le grand cercle du globe lumineux est la base.

Les *fig.* 1, 2 et 3 peuvent aussi servir à l'explication des *éclipses de Lune et de Soleil.*

FIG. 4, 5 et 6. — Manière de trouver le cercle qui détermine le clair et l'ombre d'une sphère, en y appliquant la direction des rayons de lumière formant un angle de 35 degrés un quart avec la ligne horizontale ou de base.

On inscrira dans un cube, *fig.* 4, une sphère dont le rayon sera égal à la moitié d'une des arêtes du cube, puis on représentera cette même sphère, *fig.* 5, inscrite dans un même cube et vue suivant le plan diagonal de ce cube ; alors on tracera, par ses deux angles opposés A, B, une ligne AB qui donnera l'angle ou la direction des rayons lumineux formés avec la ligne de base, la perpendiculaire élevée par le centre sur ce rayon sera le profil de l'ombre de la sphère, comme nous l'indiquons par la *fig.* 1 de cette planche. Pour trouver l'ombre de cette sphère dans la position, *fig.* 4, les rayons de la lumière étant parallèles à la diagonale AB, mais venant dans une direction oblique de 45 degrés par le plan, ces rayons paraîtront être aussi de 45 degrés sur l'élévation ; nous chercherons donc les expressions des cinq projections faites horizontalement sur la sphère, qui sont représentées par des cercles dont les rayons sont pris sur le profil, *fig.* 5, et que nous représentons sur la position en plan, *fig.* 6, dont il faut obtenir la projection de l'ombre du profil, *fig.* 5, en projetant les points 1, 2, 3, 4 et 5 dans l'inclinaison de 45 degrés sur le plan, et la rencontre de ces lignes sur les projections figurées par des cercles sur le plan, *fig.* 6, donnera huit points de passage pour la détermination de l'ombre en plan figurée par la ligne droite 1, 2, 3, 4 et 5 du profil, *fig.* 5. Il sera facile de trouver la détermination de cette même ombre sur l'élévation, *fig.* 4, en menant du plan des verticales aux points de l'ellipse 1, 2, 3, 4, 5, 6, 7 et 8, qui donneront à la rencontre des cinq projections horizontales, huit autres points pour tracer une pareille ellipse à celle du plan, ce qui donnera la détermination de l'ombre en élévation.

Nous n'avons parlé jusqu'ici que de la portion éclairée et de l'ombre propre de la sphère ; mais nous répéterons, comme nous l'avons dit, *fig.* 1 de cette planche, que la sphère portera une ombre circulaire égale à son diamètre, en supposant qu'elle se porte sur un plan exposé perpendiculairement aux rayons lumineux ; si, au contraire, le plan sur lequel se projette l'ombre de la sphère n'est pas perpendiculaire aux rayons lumineux, l'ombre portée sera elliptique et sera trouvée par les intersections des lignes de 45 degrés, renvoyée des points de l'ombre propre de la sphère en plan, *fig.* 6, et par ceux tracés aussi à 35 degrés sur le profil, *fig.* 5, jusqu'à la rencontre du plan horizontal sur lequel l'ombre de la sphère est posée.

Fig. 7.

D'après la connaissance que nous avons de la direction des rayons de la lumière, et celle que nous avons du clair et de l'ombre, nous proposons de tracer l'ombre d'un cercle d'un rayon plus grand que celui du cylindre sur lequel il se porte ; ce cercle formera une courbe sur ce cylindre par le moyen de parties égales portées sur le grand cercle du plan, n°s 1, 2, 3, 4.

Fig. 8.

L'ombre d'un tailloir carré porté sur un corps cylindrique ou colonne ; cette ombre portée paraît de deux formes différentes. La partie *aba* est une portion de cercle dont le rayon est égal à celui du cylindre sur lequel il se porte ; les autres parties sont terminées par des droites.

Fig. 9.

Projection de l'ombre portée par deux pieds-droits verticaux, et par un linteau horizontal sur une surface cylindrique concave.

Fig. 10.

Projection de l'ombre portée par deux pieds-droits, et par un linteau horizontal sur la surface convexe d'une portion de cylindre.

Planche 5.

FIGURE 1re. — De l'ombre d'un cône.

Pour qu'un cône puisse être ombré, il faut que son sommet soit élevé à plus de 35 degrés ½, c'est-à-dire que l'un de ses côtés forme un angle de plus de 35 degrés ½ d'ouverture avec l'horizon; alors, s'il a 45 degrés d'élévation, on pourra voir dans le plan une ombre qui formera un carré, tant pour l'ombre propre du cône que pour son ombre portée; mais l'ombre propre du cône en élévation, vu de face, ne sera point apparente; si le cône s'élève à près de 60 degrés, alors son ombre propre, ainsi que celle qu'il porte, sera plus étendue et sera apparente en élévation.

N'ayant jusqu'ici rien dit sur la demi-teinte, c'est maintenant l'occasion d'en parler. La demi-teinte est la transition de la lumière à l'ombre. Nous avons dit, en parlant de la sphère, que l'ombre était diamétralement opposée à la lumière; ainsi la demi-teinte leur est intermédiaire. On pourra voir, dans un cône qui n'aurait que 35 degrés ½ d'élévation, l'effet entier de la gradation de la plus grande lumière jusqu'à la demi-teinte la plus forte, qui n'est point opposée à la lumière; mais le rayon du soleil glisse, sans ombrer, sur ce côté, tandis que de l'autre il frappe pour ainsi dire directement.

FIG. 2. — De l'ombre d'une demi-sphère creuse, ou calotte sphérique.

Comme toutes les coupes que l'on fait sur une sphère sont des cercles, leurs profils feront des lignes droites; il en sera de même pour une sphère creuse en profil A; sa projection en plan B est retournée dans une direction de 45 degrés à l'égard du spectateur, et l'on voit que c'est le bord supérieur et horizontal, ou demi-circonférence de la sphère creuse, qui se projette au dedans par un autre demi-cercle. L'ombre portée de cette demi-sphère sera formée en partie de la projection horizontale des bords intérieur et extérieur de la demi-sphère, qui est un demi-cercle parfait; l'autre portion sera portée par le rayon AC du profil qui forme l'ombre de la demi-sphère à l'extérieur, comme on le voit *Pl. 2, fig. 5* : cette ombre sera une demi-ellipse.

FIG. 3.

Si l'on suppose le demi-cylindre creux C, D fermé sur son diamètre par une surface verticale, et cette surface percée d'un trou circulaire de même diamètre que le cylindre, et par lequel la lumière pénètre dans ce cylindre, on obtiendra la portion d'ombre sur le cylindre creux porté par le bord circulaire du trou rond ci-dessus mentionné; cette ombre sera déterminée à la rencontre des lignes projetées en plan et en élévation par les points e, 1, 2, 3, 4, 5, 6, 7 et 8, ce qui se rapporte à une niche dont nous allons tracer l'ombre.

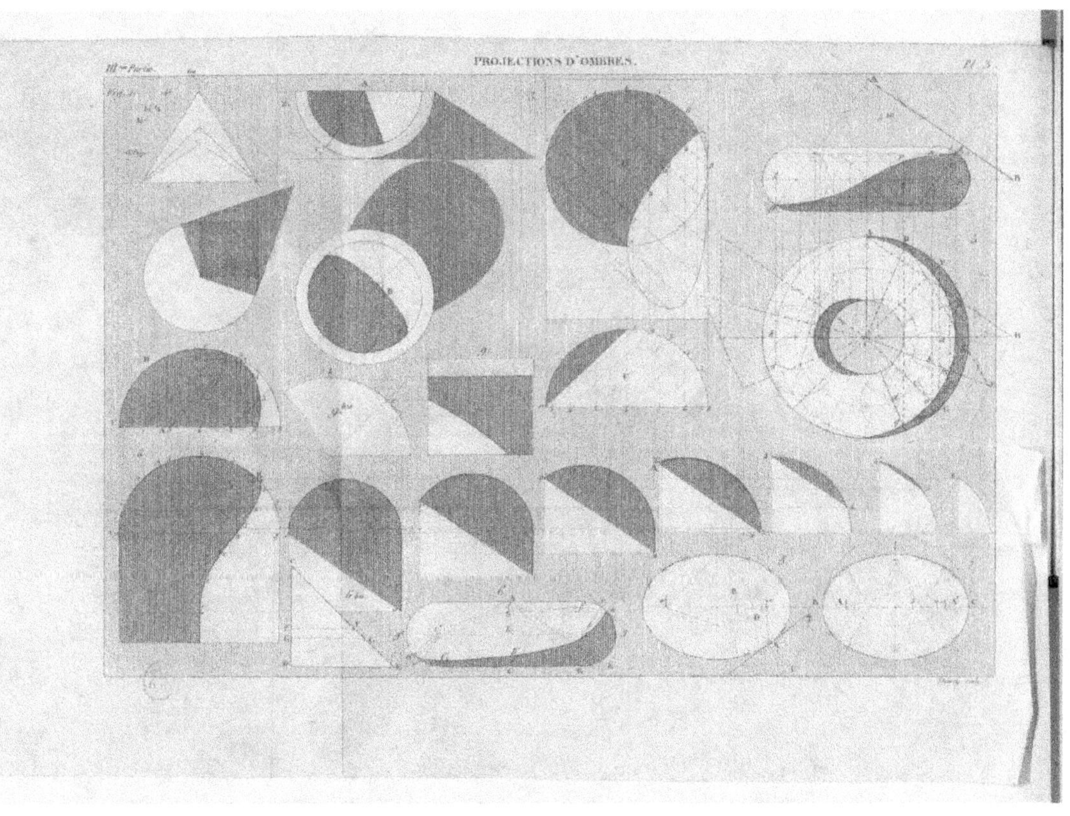

Fig. 4. — *De l'ombre d'une niche.*

D'après les études que nous venons de faire sur l'ombre de la sphère, il sera facile de trouver celle qui se compose d'un demi-cylindre creux et du quart d'une sphère; ainsi il est sensible que la portion de l'ombre qui est dans la partie sphérique de la niche pourra être tracée, de même que dans la demi-sphère creuse marquée A : ainsi, dans la niche, la portion de cercle AB porte ombre dans la portion sphérique de la niche, et la partie AC du même cercle se projette dans la partie cylindrique de la niche en *ac*. Pour faire sentir plus facilement cette projection, nous supposerons en la *fig.* 4 qu'un demi-cylindre creux serait fermé verticalement par un plan vertical, qui serait percé circulairement par un cercle d'un diamètre égal à celui du cylindre; alors les rayons du soleil entrant par cette ouverture circulaire, le bord de ce cercle formerait une ombre, comme on la voit tracée dans cette figure : ainsi la portion AC de la niche, *fig.* 4, pourra se tracer de même. La figure marquée D est le plan de la niche sur lequel on a tracé des coupes, suivant la direction de la lumière, et qui proviennent des divisions faites sur le cercle d'élévation de la niche. Ces mêmes divisions, sous les nᵒˢ o, 1, 2, 3, 4, 5, 6, représentent les profils ou coupes faites sur le plan qui est désigné par D, et la portion d'ombre dans ce plan, représentée par les nᵒˢ 6, 5, 4, 3 et *a*, qui est de même une portion d'ellipse plus renflée que sur l'élévation entre les points 6, 5, 4, 3 et *a*; mais son plus grand diamètre est aussi égal à celui de la niche.

Fig. 5 et 5 *bis*. — *Détermination de l'ombre propre d'une surface annulaire tant en plan qu'en élévation.*

On sait que l'ombre propre d'une sphère vue comme nous l'avons représentée en la *Pl.* 2 lorsque le rayon solaire est parallèle au front du spectateur, donne une ligne droite; mais, comme la surface annulaire que nous représentons ici n'est nullement semblable à celle de la sphère, son ombre doit aussi en différer.

Manière d'opérer.

On admet que le rayon solaire est dans la direction parallèle au spectateur en plan et en élévation; après avoir tracé la forme de l'anneau, on établira le rayon solaire AB, *fig.* 5; C sera le centre de l'anneau, puis on divisera son plus grand cercle en 16 parties, et l'on tracera des rayons au centre, qui feront autant de sections verticales sur l'anneau représentées par les cercles *a*, *b*, *c*, *d*, etc.; pour avoir la limite de l'ombre apparente, et la limite non apparente sur l'anneau, il faudra tracer un diamètre par le centre du cercle *a* perpendiculaire à l'hypoténuse du triangle ABC, et, en abaissant des perpendiculaires des points *g*, *h*, sur la base CB du même triangle, on aura les limites cherchées; et, en portant la hauteur *hi* et *gk* sur l'élévation, on aura aussi leurs limites. On pourra opérer de même pour les deux autres sections sur les deux triangles DEC et FGC, et comme l'ombre propre de la surface annulaire en plan se trace au compas, il sera facile de trouver la quatrième section, et les points qui servent de passage à la détermination de l'ombre sur l'élévation, *fig.* 5 *bis*, en portant les hauteurs *lm*, *no*, *pq*, qui forment autant de tranches horizontales, qui croisent avec celles verticales tendantes au centre C de l'anneau, et qui, par leurs intersections, donnent les points de passage de la courbe de l'ombre de la surface annulaire.

FIG. 6. — *Méthode facile pour trouver promptement l'ombre d'un tore en projection verticale de front.*

Pour y parvenir, il faudra tracer, *fig.* 6, l'angle ACB dont l'hypoténuse AB, diagonale d'un carré, exprime la direction apparente de la lumière en projection verticale de face, et le triangle ACE, dont l'hypoténuse AE est la diagonale d'un cube, sera la direction vraie de la lumière, en projection parallèle à cette direction; puis mener à l'une des moitiés de cette figure des tangentes parallèles à ces deux diagonales.

La première de ces tangentes, c'est-à-dire celle à 45 degrés, déterminera sur la circonférence un point *a* de l'ombre cherchée, et, en menant de ce point, sur l'axe vertical du tore, la ligne horizontale *ab*, l'extrémité *b* de cette ligne sera un autre point de cette ombre; on déterminera de même les points *a'* et *b'* situés de l'autre côté du tore.

La seconde tangente donnera sur la circonférence un point *c*, duquel on mènera sur l'axe vertical du tore la ligne *cd*, sur laquelle on obtiendra un point de l'ombre, en construisant d'abord un triangle DCE, rectangle et isocèle, *fig.* 6 *bis*, dont les côtés de l'angle droit seront égaux à *gh*, demi-diamètre horizontal du tore; et du point C, avec un rayon CF égal à la longueur *cd*, on décrira

l'arc F, pour tracer la corde FF, et porter la longueur de cette corde de *d* en *f*, et de *d'* en *f'*, qui seront les points cherchés. Ensuite sur l'axe horizontal *g g'* du tore, avec la distance *gh* pour rayon, on tracera l'arc G, et la corde GG, portée de *h* en *i*, et de *h* en *i'*, les points *i* et *i'* seront ceux qui complètent les huit points pour tracer la courbe de séparation d'ombre et de lumière qui détermine l'ombre propre du tore en projection verticale de front.

FIG. 7. — *Manière de tracer une ellipse par points, et de faire voir la différence qui existe entre une ellipse et un ovale tracé au compas par des moyens déjà connus.*

On sait que l'ellipse peut se tracer au cordeau par trois points; il y a aussi un instrument qui peut la tracer, mais on peut y réussir avec le compas. Si l'on veut la tracer par points, on établira les foyers de l'ellipse en prenant, avec une ouverture de compas, la moitié du grand axe, et portant cette ouverture par un arc sur le petit axe; cet arc, croisant de droite à gauche sur le grand axe, donnera les foyers A et A' de l'ellipse, puis on marquera à volonté des points 1, 2, 3, etc., entre un des foyers et le petit axe, et, prenant successivement des rayons de 1 à B, de 2 à B, de 3 à B, etc., et reportant en A et A' la pointe du compas, on tracera des arcs indéfinis; puis, reprenant des rayons de 1 à C, et successivement de 2 à C, de 3 à C, etc., on reportera la pointe du compas toujours en A et A', et l'on tracera des arcs qui croiseront les premiers et donneront les points pour le passage de l'ellipse. (*Voyez* première partie, *Pl.* 3, *fig.* 51, 52 et 53.)

Fig. 8. — *Mener une tangente à une ellipse par un point sur la courbe.*

D'un point quelconque A on formera un angle en traçant des lignes aux foyers a et a' de l'ellipse, on divisera cet angle en deux par les sections B, et l'on tracera une ligne droite de B à A vers C, et des points C, D on élèvera la ligne perpendiculaire AT, qui sera la tangente cherchée.

Fig. 9. — *Ombre d'une arcade portée sur elle-même.*

Si l'on conçoit un quart de cylindre creux, de son extrémité circulaire portant ombre sur lui-même, il n'y aura que la huitième partie de la circonférence qui porte ombre, en partant de a en b du profil, *fig. 9 bis.*

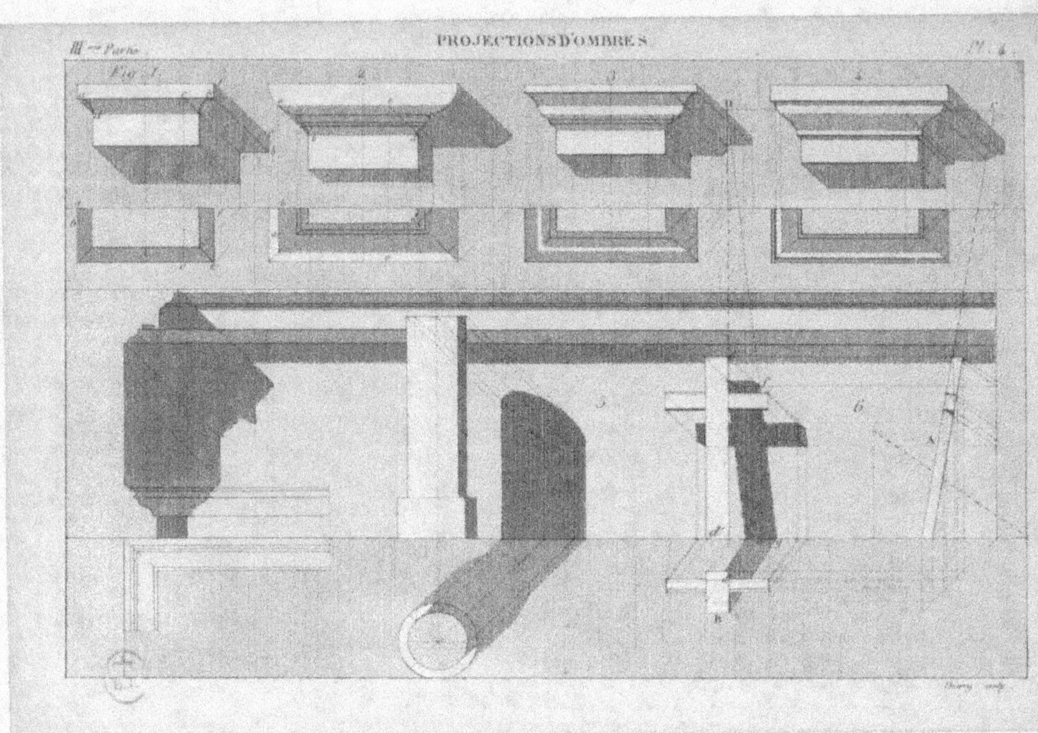

Fig. 1.
2.
3.
4.
5.
6.

Planche 4.

Figure 1re. — Ombre propre et ombre portée d'un listel de l'ordre toscan.

Nous avons dit qu'il y avait deux sortes d'ombres : les ombres propres des corps sur lesquels elles se portent, et les ombres de ces mêmes corps sur un plan quelconque, que l'on nomme ombres portées. Nous dirons aussi que les ombres ne sont produites que par des arêtes éclairées, et que, sitôt que ces mêmes arêtes ont cessé de se peindre sur un corps, et qu'il y en a encore une portion qui doit se peindre, elle va se porter sur le corps le plus voisin, tel qu'on le voit dans cette figure.

Ainsi l'arête ou angle horizontal d'un listel *ab* ne se portera que dans la distance *ac* qui produit son *ombre propre*, et la partie *cb* sera *ombre portée*; il y a aussi les arêtes en profil des corps qui se peignent, telles que l'arête inférieure du listel et l'arête *ef* supérieure du même listel. Il en est de même de toutes les arêtes éclairées.

Fig. 2. — Ombres de la cymaise supérieure et du larmier de l'entablement toscan.

Nous dirons qu'il n'y a pas seulement que les arêtes ou angles qui portent des ombres, on le voit par le quart de rond de cette cymaise; on voit aussi que le point de tangence du rayon de lumière qui détermine le clair et l'ombre de ce quart de rond porte nécessairement une ombre, comme nous venons de l'annoncer, et que la saillie de cette tangente *ab* met dans l'ombre les moulures inférieures de cette cymaise, et, par conséquent, elles sont invisibles dans l'ombre portée.

Fig. 3 et 4.

D'après l'explication que nous venons de faire des deux figures précédentes, il sera facile d'exécuter les deux dont nous parlons en établissant les plans comme ci-dessus. Nous ferons ici une remarque en donnant pour règle générale, que les arêtes horizontales parallèles au front du spectateur donneront toujours les ombres portées horizontalement, que les arêtes verticales porteront leurs ombres verticalement, et que les arêtes horizontales perpendiculaires au front du spectateur se projetteront dans une direction de 45 degrés; nous rappellerons ici que les rayons de la lumière ne sont toujours que dans la direction de 35 degrés un quart, comme nous l'avons exposé *Pl. 1.*

Fig. 5.

Divers exemples d'ombres. On tracera toujours par les moyens employés précédemment; on remarque qu'une coupe faite verticalement sur les moulures d'un piédestal portera l'image de son profil sur un mur de front au spectateur, et que l'arête verticale de ce piédestal se porte sur des moulures saillantes; elle contre-épreuvera son profil, et ainsi de suite pour les autres exemples. On remarquera que la portion de l'ombre d'un cylindre, se projetant sur des moulures saillantes, en dessinera la saillie exacte, et que la même portion, se projetant en plan, ne présentera visiblement, en ce sens, qu'une ligne droite.

Fig. 6.

Pour projeter l'ombre d'une croix inclinée devant une surface verticale, il en faudra tracer l'inclinaison sur le profil A et la faire sentir sur le plan B ; on aura l'effet de cette ombre vue de face en faisant l'opération suivante: Sur le profil A de la croix, on prolongera son inclinaison jusqu'à sa rencontre sur le profil du mur au point C; de ce point on mènera l'horizontale CD, et le point D sera déterminé sur une des verticales en apparence de la croix vue de face; on tracera, d'un point d pris sur l'élévation, une oblique indéfinie de 45 degrés, puis, du point d' correspondant sur le plan, on tracera un quart de cercle de, et l'on élèvera la verticale e jusqu'en f, à la rencontre de l'oblique d au point f, ensuite par D et f, on mènera une ligne Dfg qui donnera la projection de l'ombre de la croix vue de face sur un mur vertical. Il est aisé de voir, par les rayons solaires renvoyés des arêtes du profil A sur le mur, les hauteurs de l'ombre de la croix de face.

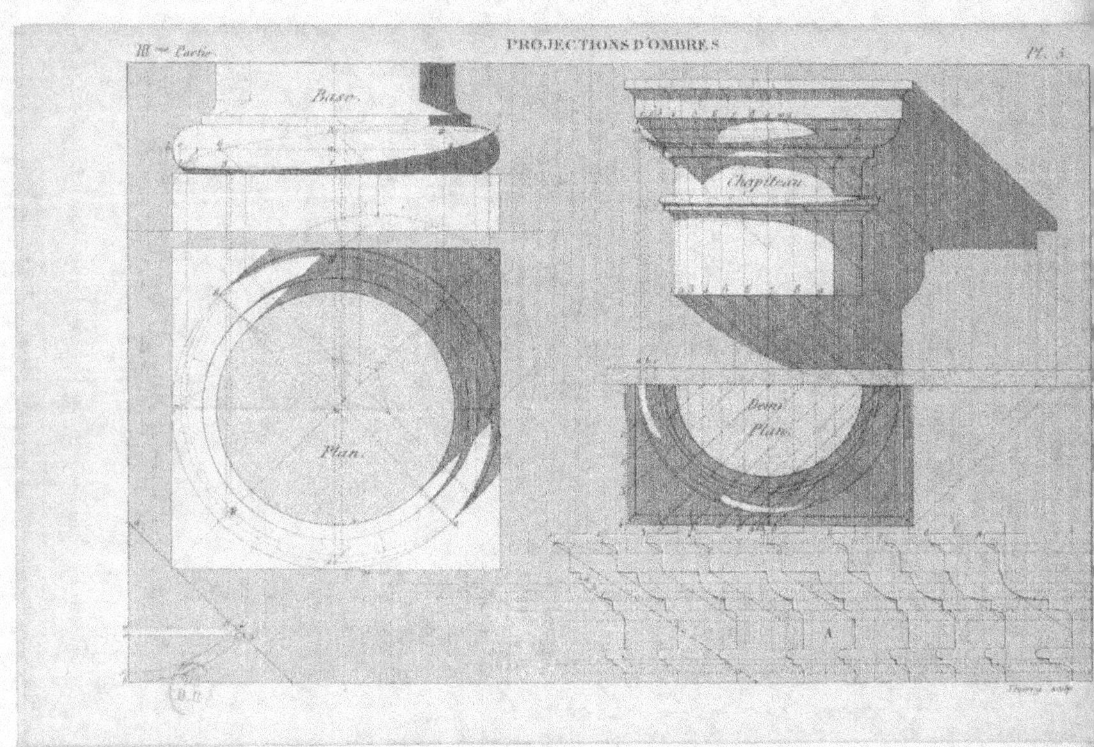
Base.
Chapiteau.
Plan.
Demi Plan.
A

Planche 5.

Tracé de la limite de l'ombre en plan et en élévation d'une base de colonne de l'ordre toscan.

On tracera d'abord l'ombre du tore dans l'élévation, par huit points; on suivra pour cela la description de l'ombre du tore représenté *Pl.* 5, *fig.* 6 et 6 *bis*, en opérant de même avec l'angle, *fig.* 6 *bis*.

Pour avoir sur le plan la limite de cette même ombre, ainsi que celle qu'elle projette sur le socle de la base, on tracera des huit points de la limite de l'ombre en élévation des lignes à 45 degrés, qu'on abaissera sur le plan, et par les mêmes points de cette limite sur le plan on fera passer des ellipses dont on trouvera les centres pour tracer au compas les portions de ces ombres.

On pourra aussi voir la description de l'ombre de l'anneau, *Pl.* 5, *fig* 5 et 5 *bis*, qui est la même projection vue de profil.

Ombre du chapiteau.

On peut employer, pour tracer l'ombre du chapiteau, les mêmes moyens que pour la base; mais comme les moulûres sont plus resserrées, et qu'il serait difficile de tracer sur un même plan une opération plusieurs fois répétée, on peut prendre le moyen de tranches ou coupes faites dans le plan sur la direction de 45 degrés et relever en élévation ces mêmes profils par les n°s 1, 2, 3, 4, 5, 6, 7, etc., jusqu'à 11; et ces mêmes coupes ou sections verticales, faites suivant leurs projections dans le plan, donneront des profils du chapiteau. Les n°s 1, 2, 3, 4, 5, 6, 7, etc., désignés par A, représentent ces coupes ou sections verticales qui sont projetées dans le plan par des parallèles à 45 degrés; ces mêmes coupes serviront à transporter les hauteurs des ombres, à leurs rencontres correspondantes aux profils de l'élévation; ce qui donnera les points pour le passage des courbes qui déterminent les ombres en élévation. Ce moyen est employé pour servir de preuve à la courbe de l'ombre de la niche, *Pl.* 5, *fig.* 4.

Planche 6.

Nous reproduisons ici la projection des ombres de différents solides dont nous avons déjà parlé dans le cours de cet ouvrage, et nous les exposons une seconde fois pour en faire un dessin à l'effet, c'est-à-dire en présentant le clair, l'ombre et la demi-teinte qui est intermédiaire de ces deux premières, et qui sans elle ne donnerait point d'effet naturel, tel qu'il doit être ; ainsi sur ce dessin on voit toute l'intensité de la lumière et de l'ombre qui ne peuvent acquérir toute leur force sans l'intermédiaire de la demi-teinte, qui tire son effet de la lumière glissant sur les corps qui ne lui sont ni directement opposés, ni de face. Il y a aussi, pour rendre l'effet complet, les reflets, ou clair-obscur, qui sont produits par les parties éclairées sur les parties dans l'ombre qui leur sont voisines ; ainsi les ombres perdent de leur force dans ce cas, et ne font que produire ce qui est un effet naturel.

Si dans un dessin à ombrer vous avez ce qu'on appelle plusieurs plans, l'ombre et le clair auront toujours plus d'intensité sur les objets, situés dans le plan du spectateur, et les demi-teintes plus claires, en rapport avec ceux qui existent sur des plans plus enfoncés ; ce qui est produit par l'air atmosphérique qui s'interpose entre les objets éclairés, ce qui fait que les objets tout à fait lointains ne sont, pour ainsi dire, point ombrés, et que la demi-teinte se confond avec l'ombre.... Ce n'est donc, comme le dit M. Léveillé dans son *Traité des Ombres*, qu'en observant avec attention, et sans perdre de vue la règle générale, qu'on acquerra le sentiment de ces effets, et toute la facilité indispensable pour bien faire.

La science des ombres et des reflets marche de front avec celles de la perspective linéaire et de la perspective aérienne.

FIN DE LA TROISIÈME PARTIE.

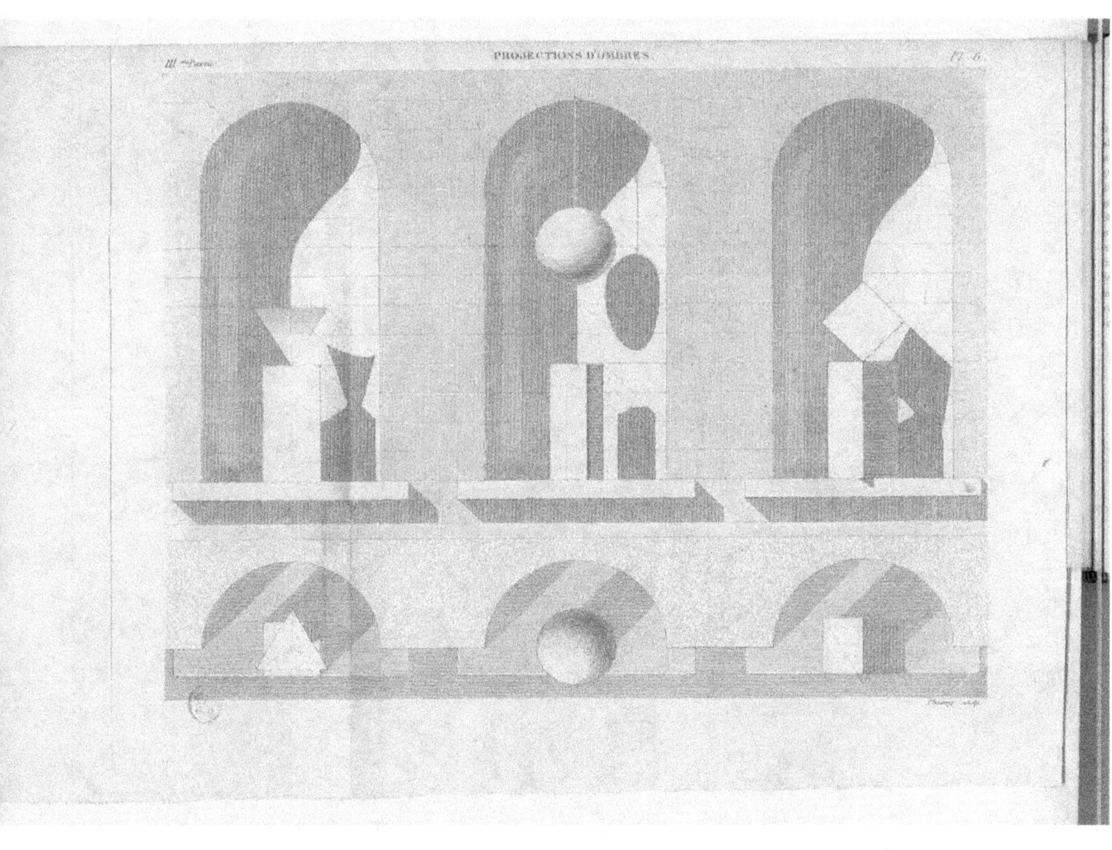

QUATRIÈME PARTIE.

PRATIQUE DE LA COUPE DES PIERRES.

Notion préliminaire sur le trait.

Le trait, ou coupe des pierres, tire son principe des corps solides, que nous avons décrits dans la deuxième partie de cet ouvrage; on l'appelle aussi Stéréotomie.

On distinguera dans le trait quatre parties principales : les portes en arrière-voussure, les maîtresses-voûtes, les trompes et les escaliers ou voûtes rampantes. En décrivant chaque pièce de trait, je m'appliquerai à bien faire sentir de quel solide chacune d'elles provient.

Ainsi, on ne doit voir dans toute la coupe des pierres que des pénétrations respectives des corps solides entre eux, comme nous l'avons exposé dans la deuxième partie, *Pl.* 4, 5 et 6; ils peuvent aussi, sans se pénétrer ensemble, être coupés par des plans droits, obliques ou courbes, et produire aussi des pièces de trait, comme nous le verrons dans l'explication de chaque pièce.

On peut dire avec certitude que la coupe des voûtes est la principale base d'un bâtiment après la conception de son plan, puisque ce sont ces mêmes voûtes qui en font le seul soutien et une des parties de son ensemble.

Sans trop m'écarter de mon objet, je dirai que, pour employer les pierres en construction, on les tire d'abord de la carrière où elles se sont formées; on considérera que ces pierres ont un fil horizontal que l'on nomme *lit*, et que c'est toujours dans cette même position qu'on les emploie en bâtissant, et que l'emploi n'en vaudrait rien autrement; cependant, dans la construction des arcades et voûtes, le lit de dessus et le lit de dessous des pierres doivent être les joints de la voûte, attendu que la résistance que doivent subir les pierres doit toujours se faire sur leurs lits. Tous les côtés d'une pierre, lorsqu'elle est équarrie, se nomment *parements*, mais on doit toujours marquer le lit de dessus et celui de dessous par ces signes : O, X. C'est lorsqu'une pierre est bien équarrie et dressée sur toutes les faces, qu'on place chaque panneau pour tailler la pierre suivant l'épure, comme nous allons le représenter dans la *Pl.* 2 et celles qui suivent.

La coupe des pierres a pour objet d'appareiller ensemble plusieurs pierres taillées par équarrissement ou par panneaux, en sorte qu'étant posées les unes avec les autres, elles ne forment plus, pour ainsi dire, qu'un même corps suivant les différentes formes des voûtes qu'on veut construire. Pour parvenir à tracer les pierres, on fait auparavant une épure, qui est le dessin géométral d'une voûte tracée aussi grande que l'exécution, sur une aire ou superficie droite, par le moyen duquel et des profils on trouve les arcs et cherches nécessaires, tant en plan qu'en élévation, pour construire les panneaux de tête, ceux de douelle, de joint et d'extrados. Ces panneaux, dont les figures sont composées quelquefois de lignes droites et courbes, sont ordinairement faits de carton ou de volige fort mince, et ont chacun un nom particulier que leur donne chaque côté de la pierre où ils doivent être appliqués : par exemple, on appelle *panneau de tête* celui qui sert à tracer la pierre qui fait face à l'entrée ou à la sortie d'une arcade ou voûte droite (*voyez Pl.* 2) ; *panneau de douelle* celui avec lequel on trace le côté de la pierre qui fait partie de la concavité de la voûte ; *panneaux de joints* ou *de lits* ceux dont on se sert pour tracer les côtés ou lits de la pierre qui s'appuient les uns sur les autres, et qui forment des lignes tendantes aux centre des arcs, lesquelles sont appelées coupes ; *panneau d'extrados* celui par le moyen duquel on trace le côté convexe de la pierre qui est opposé à la concavité ou douelle de la voûte.

Outils et termes usités dans la coupe des pierres.

L'usage du compas, de la règle, de l'équerre, du niveau et du plomb est aussi connu qu'il est inutile d'en désigner ici l'emploi.

La *fausse équerre* est un compas à longues branches, qui sert aussi à porter les angles sur les pierres.

La *sauterelle* est composée de deux règles en bois assemblées, par un de ses bouts, avec un clou rivé ; elles se meuvent comme les branches d'un compas. Cet instrument sert à prendre les angles rectilignes, pour les transporter de l'épure sur la pierre.

Le *bauveau* ne diffère de la sauterelle qu'en ce que l'une de ses branches est taillée courbe en dehors ou en dedans, et qu'elles le sont quelquefois toutes deux : il sert à prendre les angles mixtilignes et curvilignes. (*Voyez Pl.* 1.)

Les *écharses* sont des règles en bois ; on s'en sert pour jauger les retombées des voussoirs et hauteurs des pierres.

Cherche ou *cerce* est le trait d'un arc surbaissé, ou de quelque autre ligne courbée tracée par des points cherchés ; on donne aussi ce nom à la planche chantournée avec laquelle on la trace.

On nomme *claveaux* les pierres taillées en manière de coin, qui servent à former la plate-bande d'une porte ou d'une fenêtre.

Un *voussoir* est un morceau de pierre, ainsi appelé parce qu'il est destiné à la construction d'une arcade ou autre voûte : ainsi la différence d'un claveau à voussoir consiste en ce que le premier sert à une voûte droite en plafond, et le dernier à une voûte courbe.

On appelle *sommier* la pierre qui pose sur un pied-droit, et qui est en coupe pour recevoir le premier claveau d'une plate-bande, ou le premier voussoir d'une voûte.

La *clef* est la pierre du milieu qui ferme une plate-bande, ou une voûte.

Parpaing signifie l'épaisseur d'un mur.

On nomme *talus* l'inclinaison du dehors d'un mur de rempart ou

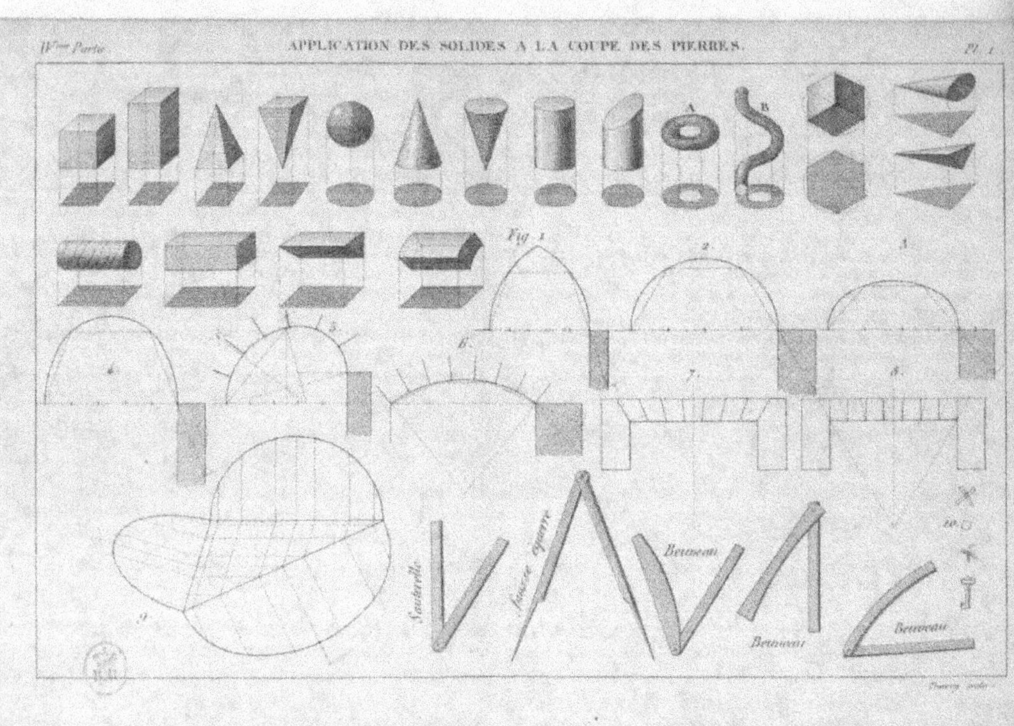

Thierry sculp.

de terrasse, causé par la diminution de son épaisseur par en haut.

On dit qu'un *parement* est gras lorsque l'angle qu'il forme avec un lit ou parement est obtus; au contraire, on dit qu'il est maigre lorsque cet angle est aigu.

Tracer par *équarrissement*, ou dérobement, est une manière de tracer les pierres par les mesures prises sur l'épure, sans se servir de panneaux.

Mettre en *chantier*, c'est disposer une pierre pour la tailler.

Ébousiner, c'est ôter d'une pierre ou d'un moellon le *bousin*, qui est la partie tendre, espèce croûte.

Faire une *planée*, c'est, avec le marteau, dresser à la règle le bord d'un lit ou d'un parement pour les dégauchir.

Dégauchir une pierre, c'est en dresser les parements à la règle.

Démaigrir, c'est couper une pierre en son lit, joint ou parement.

Retourner une pierre, c'est faire le lit de dessous parallèle à celui de dessus, et y tracer ce qui est marqué sur le lit de dessus ou ce qu'il convient.

On nomme *lit dur* celui de dessous, et *lit tendre* celui de dessus; les autres côtés, outre les deux côtés, sont appelés *parements*.

Jauger une pierre, c'est porter en quelque endroit une mesure égale à une autre et la repérer.

Bornoyer, c'est sur une règle, posée suivant un trait déjà tracé sur un des lits ou parements de la pierre, ajuster une autre règle à l'endroit où l'on veut tracer un second trait, et faire en sorte qu'en regardant en même temps les deux côtés de chaque règle qui touchent la pierre, les arêtes desdites règles ne forment qu'une même ligne et ne se croisent point.

Débiter une pierre, c'est la couper suivant le fil de ses lits.

On nomme *retombée* la saillie que fait sur une ligne de niveau la cherche de la douelle d'un voussoir depuis la douelle du haut jusqu'à celle du bas.

On appelle *hauteur* de la retombée la ligne aplomb qui tombe de l'arête du haut de la douelle jusqu'à la ligne de niveau tirée par l'arête du bas de la même douelle.

Planche 1re.

Nous représentons ici les principaux corps solides, quoique nous les ayons déjà étudiés, et que nous en connaissions toutes les formes, sous leurs divers aspects, ainsi que leurs développements en surfaces planes; ici ils sont vus en manière de perspective pour faire concevoir les projections en plan et en élévation, bien que ces projections ne soient pas dans leurs dimensions réelles, n'étant pas vues géométralement; mais nous parlons ici à l'œil pour mieux insinuer à l'esprit, car les dimensions réelles ou géométrales sont celles qui servent à mettre les objets en perspective, assujetties à des méthodes raisonnées, dont nous parlerons lorsque nous traiterons de cette partie. Nous avons ajouté à ces corps solides deux figures dont nous n'avions pas encore fait mention, l'anneau A,

et l'anneau en vis B ou hélice : le premier a rapport à la voûte annulaire dont elle tire son nom, et l'autre à la voûte Saint-Gilles
ronde, qui est une des pièces les plus difficiles dans le trait.

FIGURE 1re. — *Des différents arcs que l'on emploie pour les portes
et les voûtes.*

L'*arcade ou arc ogive* est celle qui est la plus ancienne et la plus
solide, car elle remonte à la naissance de l'art ; cet arc est d'autant
plus résistant, qu'il a moins de poussée sur ses pieds-droits que les
autres, et par conséquent exige moins d'épaisseur.

FIG. 2.

L'*arc en plein cintre* est, sans contredit, le plus beau et un des
plus solides, et celui qui fait le meilleur effet dans nos édifices
modernes.

FIG. 3.

L'*arc surbaissé*, qui se décrit de plusieurs centres, ne s'approche
de la courbe la plus parfaite que lorsqu'il est le plus près de la
forme de l'ellipse ; cet arc s'emploie avec succès aux arches des
ponts, en ce qu'il est propre à donner de l'élégance à ce genre de
construction ; cette forme de cintre s'emploie aussi dans la construction des fours.

FIG. 4.

L'*arc surhaussé* est une demi-ellipse ; on ne l'emploie que dans
les dômes où l'on a besoin de voûtes élevées.

FIG. 5.

L'*arc rampant* est une ellipse coupée par un axe oblique ; mais
on le décrit au compas, comme l'arc surbaissé, on ne l'emploie
que pour soutenir des parties qui doivent être en pente.

FIG. 6.

L'*arc* proprement dit est une portion de cercle ; mais il ne s'emploie que dans une petite dimension, ou à des arches de pont où
l'on peut opposer de fortes culées à la grande poussée de ces arcs.

FIG. 7.

Les *plates-bandes*, ces sortes de voûtes, ne se soutiennent que
par l'inclinaison de leurs claveaux ; on ne les exécute ordinairement qu'en petites dimensions.

FIG. 8.

On peut aussi faire des plates-bandes avec des joints verticaux,
en faisant intérieurement des joints tendant à un centre.

FIG. 9. — *Manière d'élargir ou de rétrécir un cintre sans changer
sa hauteur.*

On formera un triangle scalène ou rectangle, et sur le moyen
côté l'on tracera un plein cintre ; on le divisera en parties égales
et l'on abaissera des lignes verticales sur sa base ; on les renverra
parallèles aux côtés du triangle, et on les relèvera d'équerre sur les
deux autres côtés du triangle ; puis, en prenant les hauteurs sur
l'arc plein cintre, et les reportant sur ces dernières lignes, on aura
les points pour tracer les deux autres cintres avec la règle courbe
nommée *pistolet*, ou au compas en cherchant des centres.

FIG. 10.

Signes pour remarquer le dessus, le dessous, le devant et le derrière d'une pierre.

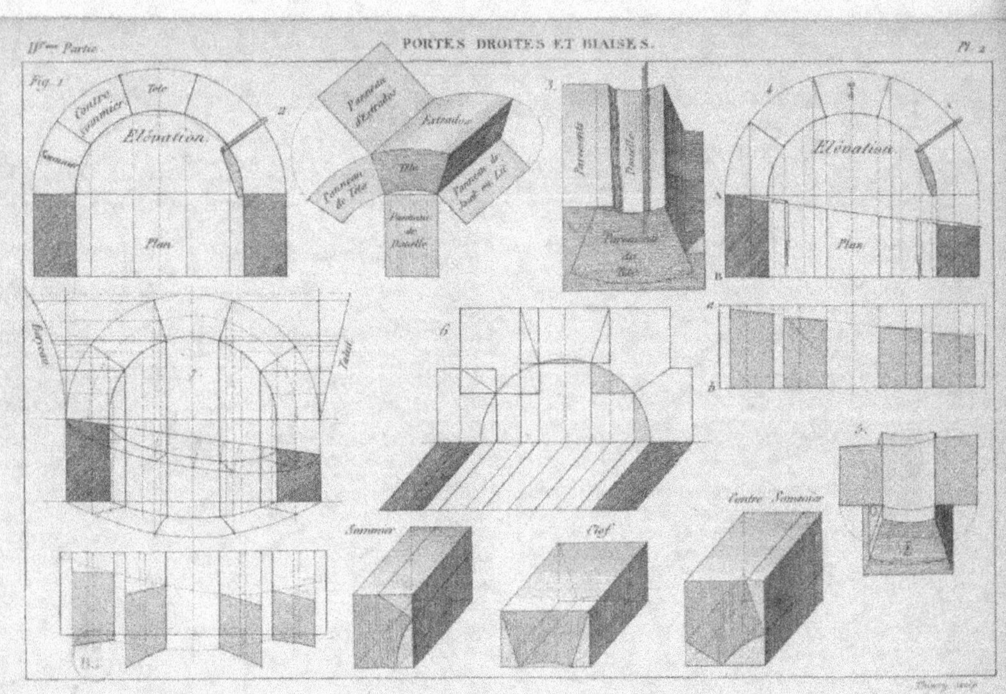
Fig. 1
Contre Sommier
Tête
Sommier
Élévation.
Plan.
Panneau d'Extrados
Extrados
Panneau de Tête
Tête
Panneau de Douelle
Panneau de Joint ou Lit
Parements
Douelle
Parement du Lit
Élévation.
Plan.
Sommier
Clef
Contre Sommier
Thiery sculp.

Planche 2.

FIGURE 1re. — Porte ou berceau droit en plein cintre.

Cette pièce est la plus simple et la plus facile que l'on peut exécuter, elle tire sa formation d'un demi-cylindre, qu'on aurait divisé en parties égales sur sa circonférence, et dont on aurait fait de ces points autant de coupes tendant au centre du cylindre; ces coupes formeront un nombre impair de parties que l'on nomme *voussoirs*; celui du milieu est la *clef* de la voûte.

FIG. 2.

Cette figure représente un des voussoirs, et tous les panneaux de la porte décrite ci-dessus.

FIG. 3.

Pierre en chantier sur laquelle on a tracé un voussoir.

FIG. 4. — Porte en plein cintre, biaise par devant, tracée par panneaux et par équarrissement.

Cette porte est formée par un cylindre droit, coupé obliquement à l'une de ses extrémités, ce qui produit une ellipse, étant coupé en ce sens; il résulte de cette section que le cintre de cette porte doit être allongé du côté biais. (*Voyez* la planche précédente, *fig.* 9.)

Pour tracer les panneaux de joints de cette porte, on tracera deux lignes parallèles égales à la largeur AB du plan. On développera les douelles de cette porte en dix parties égales, puis on prendra sur le plan la longueur des joints à l'intrados, et leur longueur à l'extrados, puis enfin on prendra leur profondeur sur l'élévation, et l'on aura la forme des panneaux de joints.

FIG. 5.

Un voussoir tracé par panneaux.

FIG. 6. — Porte en plein cintre, biaise par tête et par équarrissement.

Cette porte provient d'un cylindre de forme elliptique (*voyez* deuxième partie, *Pl.* 4, *fig.* 10) qui, étant coupé obliquement en un certain sens, produit un cercle comme on le voit en cette porte.

Pour tailler par équarrissement les pierres de cette porte, on équarrira autant de parallélogrammes droits en la plus grande dimension prise sur l'épure, puis avec la sauterelle ou la fausse équerre, on prendra l'angle du biais sur le plan de l'épure que l'on reportera sur les parallélogrammes droits pour en faire d'obliques, sur les faces desquels on posera les panneaux, ce qui servira à tailler ces pierres dans la forme qu'elles doivent avoir pour construire cette porte.

Fig. 7. — *Porte droite en plein cintre dans un mur biais en talus et rachetant un berceau.*

On dit que cette porte rachète un berceau, parce qu'elle traverse les reins d'une voûte droite avec laquelle elle vient former lunette, ou pénétration de deux cylindres. Cette porte résulte d'un cylindre droit coupé obliquement et placé en un certain sens où il peut former un talus, c'est-à-dire d'une apparence biaise en deux sens; son autre extrémité droite pénètre dans un autre cylindre d'un diamètre plus gros, et sa pénétration se nomme lunette, comme nous l'avons dit plus haut; les joints de la porte, en cette pénétration dans la projection en plan, sont courbes du côté du berceau, quoiqu'ils paraissent droits dans l'élévation.

Pour avoir les panneaux de joints de cette porte, on opérera de la même manière qu'en la *fig.* 4: on portera, à partir des joints intérieurs, la hauteur des joints ou coupes prises sur l'élévation; enfin l'on prendra sur le plan la longueur des joints en l'intrados ou douelle, et celles de l'extrados ou joints extérieurs, et les panneaux de joints seront formés.

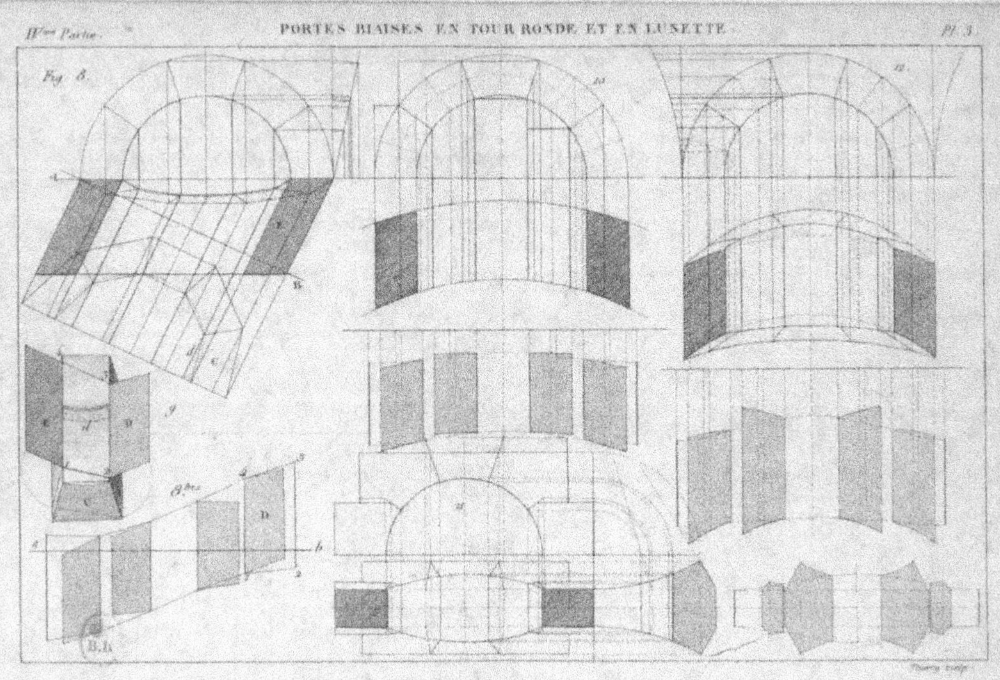
Fig. 8.

Planche 3.

FIGURE 8. — *Porte biaise en talus par têtes égales.*

Cette porte résulte d'un cylindre elliptique, comme on le voit *Pl.* 2, *fig.* 6; ce cylindre est placé en un sens à pouvoir former un talus. On trouvera le vrai cintre de la porte en élevant une ligne perpendiculaire à la ligne centrale ou axe de la porte, sur laquelle on formera ce cintre par des lignes renvoyées des points du talus de la porte, et en prenant la hauteur de la retombée des douelles prises sur le cintre circulaire, *fig.* 8, et par ces points on tracera le cintre droit de cette porte.

Pour tracer les panneaux de joints de cette porte, on développera les douelles du cintre droit en dix parties égales, et l'on prendra la hauteur des joints sur le même cintre; ensuite on prendra sur le plan, à partir de la ligne d'équerre AB, la longueur des joints que l'on reportera à partir de la ligne *ab*, *fig.* 8 *bis*, établie pour la construction des panneaux de joints.

FIG. 9 — *Manière de tracer par panneaux le premier voussoir de cette porte.*

Soit le premier voussoir, *fig.* 9, taillé avec le panneau C, pris en la *fig.* 8; on appliquera sur le parement de douelle le premier panneau de douelle 1, 2, 3, 4, sur le lit de dessous le panneau de joint marqué D, et sur le lit de dessous le plan du pied-droit marqué E; ensuite on coupera les deux têtes suivant les traits tracés,

et l'on creusera la douelle carrément sur ses arêtes en se servant pour cet effet de la cherche de la douelle marquée d, et la douelle ainsi creusée sera faite.

FIG. 10. — *Porte droite en tour ronde, par panneaux et par équarrissement.*

Nous disons que cette porte est en tour ronde, parce qu'elle est pratiquée sur un mur circulaire; le cintre de cette porte étant développé droit serait un cintre surbaissé, et ses joints seraient courbes, parce qu'ils sont tracés sur un mur courbe, comme il est aisé de le voir dans le tracé des panneaux de joints, qui sont toujours les plus essentiels pour tailler une porte et qui sont aussi les plus difficiles à trouver, attendu qu'ils sont intérieurs; c'est aussi par eux que l'on juge le plus facilement des difficultés dans une épure; ainsi cette épure tire son origine de deux cylindres droits, d'inégal diamètre, se pénétrant à angle droit l'un dans l'autre. On peut en voir l'exemple dans la deuxième partie de cet ouvrage, *Pl.* 6, *fig.* 10 et 11.

On construira ces panneaux de joints toujours de la même manière que les précédents, en développant les cercles des douelles, et les divisant par demi-douelles, et de plus en divisant les joints de tête aussi en deux pour avoir trois points qui serviront à tracer les courbes des panneaux de cette épure.

20

Fig. 11. — *Porte droite entre deux berceaux, formant lunette.*

On a tracé l'élévation, le plan et le profil de cette épure, pour bien faire sentir que les joints des berceaux pénètrent et coupent les joints de la porte, ce qui fait que les panneaux de joints de cette porte ont une forme différente que ceux que nous avons faits jusqu'ici; on suivra toujours la même méthode en prenant la hauteur des joints sur l'épure de face, et leur longueur sur le plan.

Fig. 12. — *Porte droite rachetant deux voûtes annulaires, formant lunette.*

Cette porte s'exécute de même que les précédentes, en redoublant d'attention pour son exécution, attendu qu'elle est plus compliquée; on voit sur son plan la retombée des berceaux dans lesquels elle pénètre; les joints de tête sont d'autant plus courbes dans les voussures du berceau, que ce berceau approche d'un cylindre droit, coupé par des arcs de cercle à ses extrémités. (*Voyez* deuxième partie, *Pl.* 6, *fig.* 10 et 11.)

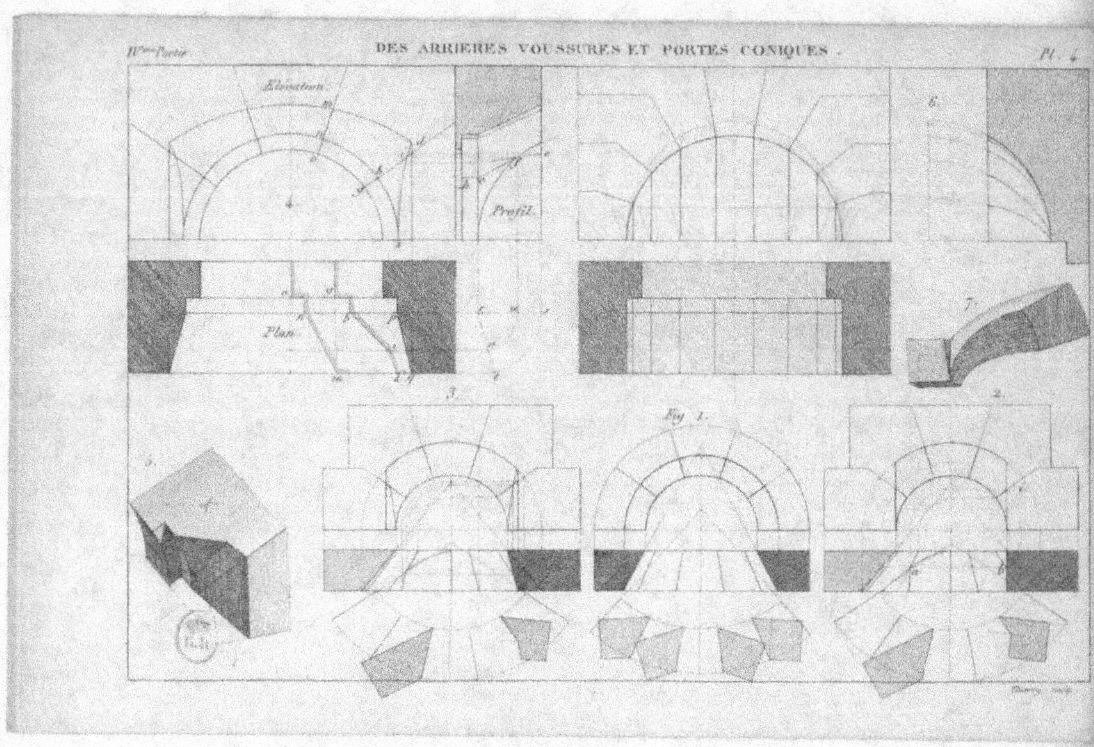
Élévation.
Profil.
Plan.
Fig. 1.

Planche 4.

FIGURE 1re. — Porte conique droite.

Cette porte est droite en plein cintre, mais ses joints d'intrados ou de douelle tendent à un point commun qui est le sommet d'un cône droit, ce qui donne le nom de conique à cette porte, et elle a une entrée plus petite que l'autre ; ses quatre panneaux de joints qu'on voit tracés au-dessous sont tous semblables.

FIG. 2. — Porte conique formant hyperbole dans le tableau.

Cette porte est droite comme la précédente, et se forme d'un demi-cône droit coupé d'abord par deux sections perpendiculaires à son axe, ce qui donne deux demi-cercles de rayons inégaux ; ensuite ce demi-cône est coupé par deux autres sections parallèles à son axe, que l'on nomme hyperbole (voyez deuxième partie, Pl. 6, fig. 1), que l'on voit tracé sur le profil *i* de la porte où l'on voit alors le joint de douelle prendre une direction horizontale pour rejoindre sa coupe du parement extérieur de la porte ; le point de brisement de ce joint est donné par son intersection avec le tableau dans le plan au point *b*.

Pour tracer les panneaux de joints de ces portes coniques, on développera les demi-cônes comme on le voit figuré, et l'on tracera les panneaux de joints sur chaque joint de douelle, en prenant les différents côtés des panneaux sur les joints de face de la porte.

FIG. 3. — Porte conique ébrasée dans le tableau.

Cette porte s'exécute de même que la précédente, à l'exception que l'ébrasement fait dans le plan n'est point d'équerre au devant de la porte, et ne suit point non plus la direction du cône, et néanmoins fait une section dans le cône, qui n'est ni une hyperbole ni une parabole. Cette porte a quelque rapport avec l'arrière-voussure de Marseille, sans cependant être de même coupe.

FIG. 4. — Arrière-voussure de Marseille.

Cette porte est ainsi nommée parce que la première de cette sorte a été exécutée à une des portes de la ville de Marseille ; elle sert pour faciliter l'ouverture des ventaux cintrés des portes et croisées. Après avoir tracé le plan de la porte, on tracera l'élévation, on divisera le cintre en cinq ou sept voussoirs, puis on tracera l'arc qui forme la partie la plus élevée de la porte d'un centre pris à volonté ; ensuite on tracera le profil de la porte, et l'on marquera dessus un arc égal au rayon de la porte pris dans sa feuillure. Pour avoir le brisement du joint sur le profil, on mènera l'horizontale *bc*, terminée au point *c*, extrémité de la feuillure, vers l'ébrasement ; par le point *i*, brisement du joint à l'ébrasement, on renverra une autre horizontale *if*, le point *f*, situé sur la courbe d'ébrasement, est le lieu du brisement du joint ; et, du point *d*, on tracera une horizontale *de* : la ligne brisée *efe* sera le profil du joint brisé, projeté en élévation suivant la droite *bid*; son prolongement *bg* est la projection de la partie du joint comprenant la feuillure. Pour avoir la forme de panneaux de joints, on abaissera des points *e*, *f*, *e* les verticales *er*, *fu*, *es*; ensuite on mènera *rt*, parallèle à l'ébrasement *pq*; on renverra sur cette droite *rt* par des arcs les points *u*, *s* en *r*, *t*, desquels, menant enfin des horizontales, il sera facile de construire le rabattement des joints tracés sur le plan suivant *dibg* et *mno*: le joint *mno* étant hors de l'ébrasement est droit de *m* en *n*.

Fig. 5.

Tracé par équarrissement du sommier de cette porte en voussure.

Fig. 6. — *Arrière-voussure de Saint-Antoine en plein cintre.*

Cette voussure prend ce nom parce que les premières de ce genre ont été exécutées à la porte Saint-Antoine, qui existait autrefois à Paris; ces voussures servaient à surélever ces portes et à leur donner un air monumental.

L'intelligence de cette voussure demande qu'on fasse attention à la manière dont elle est construite. Nous dirons de cette voussure qu'elle ne résulte d'aucun corps solide connu, mais que ses joints forment autant d'ellipses dans le profil subordonné au cintre de face que l'on divise en autant de voussoirs que l'on veut, et qui font autant de joints verticaux vus de face et, par conséquent, aussi droits dans le plan; les pierres de cette voussure ne pourront être tracées qu'avec des cherches elliptiques, et auront une surface gauche, comme on peut le voir sur le voussoir tracé *fig.* 7.

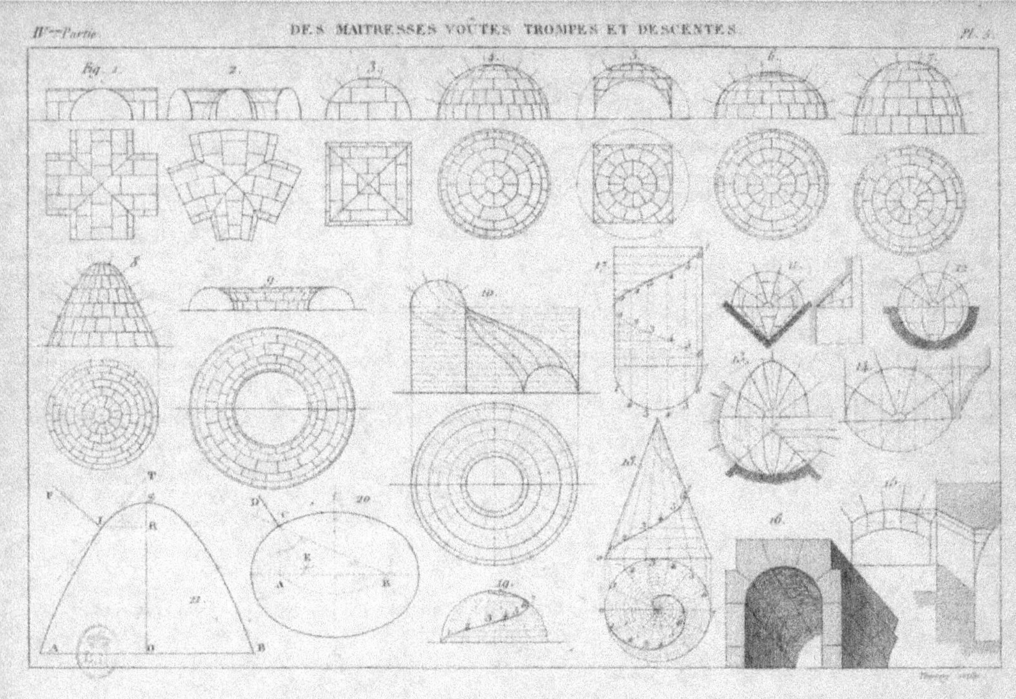
Fig. 1.
2.
3.
4.
5.
6.
7.
8.
9.
10.
11.
12.
13.
14.
15.
16.
17.
18.
19.
20.
21.
22.
F
T
S
R
D
E
A
B

Planche 5.

Les modèles que l'on donne ici peuvent être considérés comme moyen de comparer chaque espèce de voûte ; mais dans les planches suivantes, on en verra les épures développées, et la représentation des pierres tracées par panneaux et par équarrissements.

FIGURE 1re. — *Des maîtresses-voûtes.*

Les maîtresses-voûtes sont ainsi nommées parce qu'elles sont, dans les bâtiments, les principales et auxquelles les autres sont subordonnées.

La voûte d'arête droite est une voûte plein cintre, pénétrée par une pareille voûte dans un sens transversal ou d'équerre en plan ; cette voûte est formée de deux demi-cylindres droits se pénétrant à angle droit et fait arête, comme on peut le voir dans la deuxième partie, *Pl.* 8, *fig.* 1, 2 et 3.

FIG. 2.

Les voûtes d'arête sur un plan circulaire sont d'une exécution beaucoup plus difficile que celles droites, à cause de la forme différente des cintres et des pierres formant des angles aigus ; cette sorte de voûte n'est, en elle-même, qu'une voûte annulaire dérivant de l'anneau que l'on peut appeler cylindre courbe circulairement. Cette voûte est pénétrée par un corps qui n'est ni conique ni cylindrique, et qui cependant participe de ces deux derniers ; c'est ce qui rend d'autant plus difficile l'exécution de cette voûte.

FIG. 3.

La voûte en arc de cloître est aussi la pénétration de deux demi-cylindres droits, avec cette différence que dans la voûte d'arête les cylindres forment arêtes en traversant l'un dans l'autre, et que, dans les arcs de cloître, ils forment arêtes en s'arrêtant l'un sur l'autre, et que l'une peut être le noyau ou moule de l'autre.

FIG. 4.

La voûte sphérique tire son nom de la sphère et est elle-même une demi-sphère qui a une épaisseur quelconque, qui produit une forme concave en dedans et une forme convexe en dehors.

FIG. 5.

Cul-de-four en pendentif sur un carré, ou voûte sphérique coupée en carré par son plan.

FIG. 6.

Voûte circulaire surbaissée.

FIG. 7.

Voûte circulaire surhaussée ou ellipsoïde.

FIG. 8.

Voûte hyperbolique ou chaînette.

FIG. 9.

Voûte annulaire ou sur le noyau. Cette voûte est formée d'un demi-anneau coupé horizontalement. (*Voyez Pl.* 1er, *fig.* A.)

FIG. 10.

Voûte annulaire rampante en vis Saint-Gilles ; les courbes rampantes de cette voûte se développent sur un cylindre. Ces courbes sont aussi appelées hélices.

Des trompes.

Les trompes servent, en construction, à supporter par encorbellement, des balcons, des escaliers, des tournants de ponts, etc.

Il y a des trompes de différentes formes, telles que nous allons en tracer.

Fig. 11.

Trompe en plein cintre, dans un angle d'équerre, est un demi-cône droit.

Fig. 12.

Trompe ou niche formée d'un quart de sphère.

Fig. 13.

Trompe formée d'une portion de sphère, rachetant l'angle d'un mur.

Fig. 14.

Trompe en tour ronde, ou cylindrique, sur un mur droit.

Fig. 15.

Abat-jour formant lunette.

Fig. 16.

Descente en plein cintre droite, rachetant un berceau.

Fig. 17. — *De l'hélice.*

Quoique l'hélice ne soit pas du nombre de ces courbes qui sont produites par les sections des corps, du moins elle peut y être tracée ; elle est si utile en architecture et en mécanique, où on l'emploie souvent, qu'il est indispensable d'en donner le tracé. Ce mot hélice vient d'un mot grec qui signifie *tourner autour.*

Fig. 18 et 19. — *De la limace.*

Les limaces sont des hélices qui s'approchent continuellement de leur axe ; elles peuvent en approcher sur plusieurs voûtes, de telles formes qu'elles puissent être. Nous la présentons ici sur le cône et sur la sphère ; mais elle peut avoir lieu sur le conoïde, le sphéroïde, l'ellipsoïde, le paraboloïde, l'hyperboloïde, ou tout autre corps formé par la révolution de quelques courbes sur son axe.

Fig. 20. — *Trouver un joint de l'ellipse.*

Pour avoir un joint perpendiculaire à la courbe d'une ellipse, il ne faudra que mener, du point C où l'on veut tracer ce joint, des lignes aux foyers A, B de l'ellipse, et diviser en deux, au point E, l'angle que forment ces deux lignes ; alors on aura le joint CD proposé. On voit la même construction par une tangente à l'ellipse, dans la troisième partie, *Pl. 3*, *fig.* 8.

Fig. 21. — *Trouver un joint de la parabole.*

Soient ASB la parabole donnée, OS son diamètre, et I un point par lequel on se propose de tracer un joint ; de ce point I on mènera la perpendiculaire IR sur le diamètre OS ; puis sur son prolongement on portera SR de S en T, de telle sorte que RT sera égale à deux fois RS ; ensuite on joindra les points I, T, et IT sera une tangente à la parabole ; enfin par le point I on mènera, à cette tangente, la perpendiculaire PI qui sera le joint demandé.

Cette construction fort simple est une application de la propriété que, *dans la parabole, la sous-tangente est double de l'abscisse du point de tangence.*

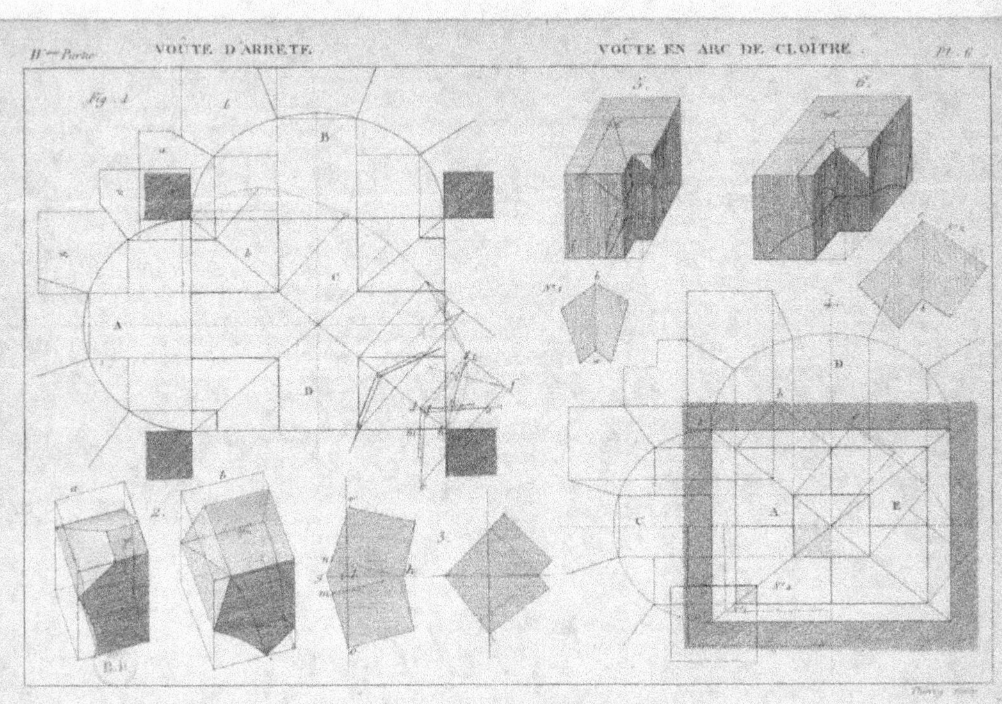
Fig. 1.
B
A
C
D
2.
3.
5.
6.
A
B
C
D
E

Planche 6.

FIGURE 1re. — *Voûte d'arête barlongue.*

Cette voûte est ainsi nommée, parce que son plan est un carré long, et que la rencontre des deux berceaux forme deux arêtes ou angles saillants qui se croisent en diagonales ; nous l'avons faite barlongue, parce que celle carrée s'exécute de même.

A est le berceau plein cintre, B le surbaissé, C le cintre suivant l'arête diagonale, et D est le plan de la voûte.

FIG. 2.

On représente par *a* la première pierre du cintre tracée par équarrissement ; *b* la deuxième tracée de même en prenant les mesures sur le plan et sur le profil.

FIG. 3. — *Développements des panneaux de douelles des pierres de cette voûte ; manière de trouver les berceaux ou angles que forment ces pierres.*

Pour trouver les berceaux de douelles ou angles que forment ces pierres à leurs arêtes apparentes, on opérera comme il suit : *fig.* 1re, d'un point *e* pris à volonté sur la ligne *cd*, on mènera la parallèle *ef* à *dg*, puis on abaissera la perpendiculaire *fi* à la droite *gh* ; de *f* on tracera l'arc *ik*, et l'on mènera *kl* parallèle à *dg*. Pour construire le panneau, *fig.* 3, on portera sur une ligne donnée les longueurs *el*, *le*, prises sur la *fig.* 1re ; puis on y prendra les hauteurs *hi*, *ig*, que l'on portera en la *fig.* 3, de *i* en *h*, et de *i* en *g*, ensuite l'on tracera *eg* et *ge* ; enfin on prendra sur la *fig.* 1re les longueurs *dm*, *dn*, que l'on portera sur le panneau, *fig.* 3, en *gm*, *gn*, et l'on obtiendra ainsi les panneaux de douelles.

FIG. 4. — *Voûte en arc de cloître barlongue.*

Cette voûte, par un effet contraire à la voûte d'arête, forme des angles rentrants à la rencontre de ses berceaux ; mais les cintres que forment les arêtes diagonales sont les mêmes que ceux des *voûtes d'arête*, et la différence n'existe que dans la manière dont se pénètrent les cylindres ou berceaux, comme nous l'avons dit Pl. 3, pour les *fig.* 1 et 3.

Après avoir décrit la voûte d'arête en détail, celle-ci nous paraîtra facile à exécuter : ayant tracé le plan A et relevé les cintres C, D, E, on pourra tracer par équarrissement les pierres, *fig.* 5 et 6, désignées par les nos 1 et 2 dans le plan. On remarquera qu'il faut que ces pierres soient d'abord taillées dans la forme indiquée dans le plan par un pointillé, comme on peut l'apercevoir aussi dans les *fig.* 5 et 6 ; ensuite on tracera ces pierres en prenant les largeurs sur le plan, et les hauteurs sur les profils C, D, *fig.* 4, comme pour les autres tracés.

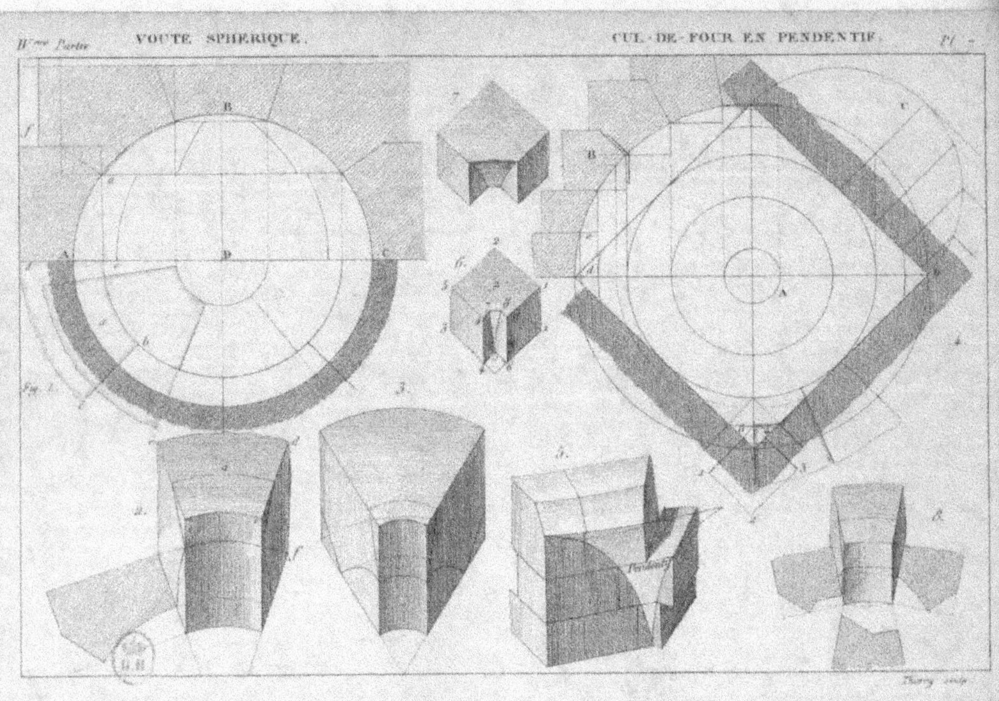
Pendentif

Planche 7.

FIGURE 1re. — Voûte sphérique, ou cul-de-four en plein cintre.

On nomme ainsi cette voûte, parce que c'est un même cercle qui forme son profil et son plan ; on divisera le demi-cercle ABC en tel nombre impair de voussoirs que l'on voudra, et qui tendront au centre D, puis on tracera des lignes horizontales de chaque voussoir qui formeront les joints horizontaux de la voûte, et que l'on marquera par autant de cercles dans le plan ; ensuite on tracera dans le plan des joints en parties égales dans chaque assise alternative et tendant au centre, enfin on relèvera ces joints sur le profil ; ils formeront autant de courbes elliptiques. On peut tracer d'autre manière une voûte sphérique d'un appareil différent.

Fig. 2 et 3.

Pour tracer par équarrissement un voussoir de la première assise *a*, on dressera le lit d'une pierre *a* sur laquelle on placera le panneau du plan du voussoir, puis on prendra sur le profil la hauteur *df* de l'assise, que l'on portera de *d* en *f, fig.* 2, et l'on construira ainsi un pareil panneau ; ensuite, appliquant successivement le panneau du profil sur les côtés de la pierre, *fig.* 2, on pourra achever de tailler cette pierre, et l'on en fera autant pour chaque assise, en traçant de même la pierre, *fig.* 3.

Fig. 4 et 5. — Cul-de-four en pendentif sur un carré.

Comme cette voûte est d'une nature différente de celle qui vient d'être décrite, il est bon de faire connaître en quoi consiste cette différence ; nous dirons donc que la voûte dont il s'agit est un cul-de-four en plein cintre tronqué en quatre endroits : or, pour en bien concevoir la figure telle qu'elle est, imaginons-nous une tour ronde couverte par une voûte de four en plein cintre, et dans cette tour un carré inscrit : ainsi les angles touchent exactement la circonférence de la tour ; supposons, de plus, quatre murs élevés d'aplomb, suivant les côtés du carré jusque dans la concavité de la voûte, et nous concevrons aisément que ce qui restera apparent de cette voûte au dedans des murs nous représentera la figure que doit faire la voûte proposée dont la difficulté consiste dans l'appareil des pendentifs qui la rachètent, dont on en voit un quart représenté en la *fig.* 5 ; le reste de la voûte est un cul-de-four ou portion de sphère. A, plan de la voûte ; B, coupe ou profil de la voûte coupée suivant la diagonale de son carré ; C, profil de la voûte coupée suivant le côté de son carré.

Fig. 6. — Manière de tracer la première pierre des pendentifs.

Pour tracer la première pierre des pendentifs, on dressera un lit et l'on fera deux parements à l'équerre qui formeront ensemble un angle droit ; ensuite on prendra la hauteur *de*, avec laquelle on dressera le lit de dessous parallèlement à celui de dessus ; on tracera sur le lit de dessus le plan marqué 1, 2, 3, 4, 7, 8, 6, 1, et sur le lit de dessous le plan marqué 1, 2, 3, 4, 5, 6, 1 ; ce qui étant fait, on se servira d'une portion de la cherche CD, avec laquelle du point 5 aux points 7 et 8, représentés en la *fig.* 6, et par les points 5, 7 et 5, 8, *fig.* 4, on formera la naissance du pendentif.

Fig. 7.

La deuxième pierre, *fig.* 7, se tracera de même en prenant les mesures sur la deuxième pierre du plan *fig.* 4.

Fig. 8.

Pour tracer ce voussoir, on préparera une pierre, comme nous l'avons dit précédemment, et l'on se servira, pour cet effet, du panneau marqué dans le plan, *fig.* 4, par des petites hachures; ce panneau servira seulement pour le lit de dessous, on tracera les deux autres panneaux en prenant les saillies et les hauteurs sur le profil marqué B.

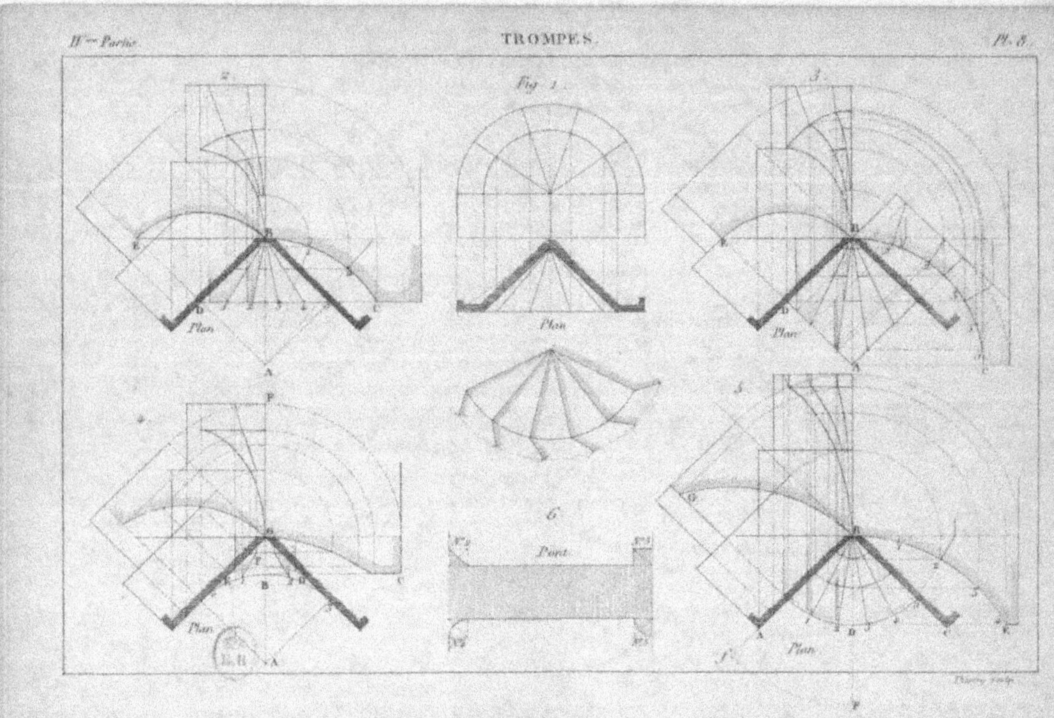
Fig. 1.
2.
3.
4.
5.
6.
Plan
Plan
Plan
Plan
Plan
Pont.
A
P
Thierry Sculp.

Planche 8.

Les *trompes* sont certaines portions de voûtes qui se jettent en saillie hors des murs, et se placent ordinairement aux angles des bâtiments, pour y pratiquer par ce moyen des passages, cabinets, etc., qui sont comme en l'air, et lesquels on ne peut ou l'on ne veut faire naître du pied des constructions, afin de ne point anticiper sur les rues, cours ou jardins.

FIGURE 1re.

Trompe en plein cintre droite appelée conique, parce qu'elle est formée d'un demi-cône droit, dont l'ouverture forme un angle de 90 degrés; les panneaux de douelles ou de joints se trouveront par le développement de la partie de ce cône.

Trompes sphériques applicables à supporter les angles rentrants d'un pont pour en élargir les entrées et en racheter l'évasement; les trompes qui vont être décrites, *fig.* 2, 3, 4 et 5, se rapportent à un pont représenté en plan par la *fig.* 6.

FIG. 2.

Pour tracer cette trompe, on formera un carré parfait dont on tracera les diagonales; ensuite on divisera une de ces diagonales en cinq parties égales, ce qui donnera les joints de la trompe en plan; du point A, comme centre, on décrira l'arc BC, qui sera la coupe verticale, prise dans le milieu de la trompe, et que l'on divisera en trois parties pour avoir les deux joints qui tendent au point de centre A; de D on décrira le quart de cercle BE, qui sera le profil de la trompe. On trouvera le tracé de l'élévation par les verticales élevées du plan, et par les arcs de cercle renvoyés de la coupe BC; les hauteurs d'assises seront déterminées par les joints de la trompe en élévation. Cette trompe se rapporte à l'angle n° 2, *fig.* 6.

FIG. 3.

On tracera un carré parfait: de l'angle A, pris pour centre, on décrira un quart de cercle BC, que l'on divisera en cinq parties égales; de ces points on mènera des parallèles à la ligne BD, sur AD, ce qui donnera les joints sur le plan; on décrira du point D, comme centre, le quart de cercle BE, qui est le profil de la trompe.

On aura l'élévation de la trompe en menant par les points du plan des verticales et en transportant les hauteurs de la coupe BC par des quarts de cercle sur l'élévation, comme on le voit ici. Cette trompe se rapporte à l'angle n° 3, *fig.* 6.

FIG. 4.

On tracera un carré parfait; du point A, pris pour centre, on décrira un quart de cercle, on le divisera en trois parties égales pour avoir les joints de la trompe en plan; on mènera du point B une horizontale BC, rencontrant au point D le côté de l'angle; de ce point et du centre A, on décrira un arc DE, puis on divisera l'espace FG en deux pour avoir le joint intermédiaire; enfin on continuera l'opération par les verticales élevées du plan et les hauteurs renvoyées de la coupe CG. Cette trompe se rapporte à l'angle n° 4, *fig.* 6.

Fig. 5.

Pour tracer cette trompe, on établira l'angle droit ABC, on fera le plan de la trompe par un quart de cercle que l'on divisera en cinq parties égales, ce qui donnera les joints en plan, on tracera la parallèle DE, et du centre F on décrira l'arc BE, qui sera la coupe sur le milieu de la trompe; on divisera cet arc en quatre parties égales, ce qui donnera les joints en plan et en élévation. Pour avoir le profil sur le mur, on décrira un autre arc BG d'un rayon égal à BF, en prenant pour centre le point *f*, et l'on continuera l'opération comme dans les précédentes. Cette trompe se rapporte à l'angle n° 5, *fig.* 6.

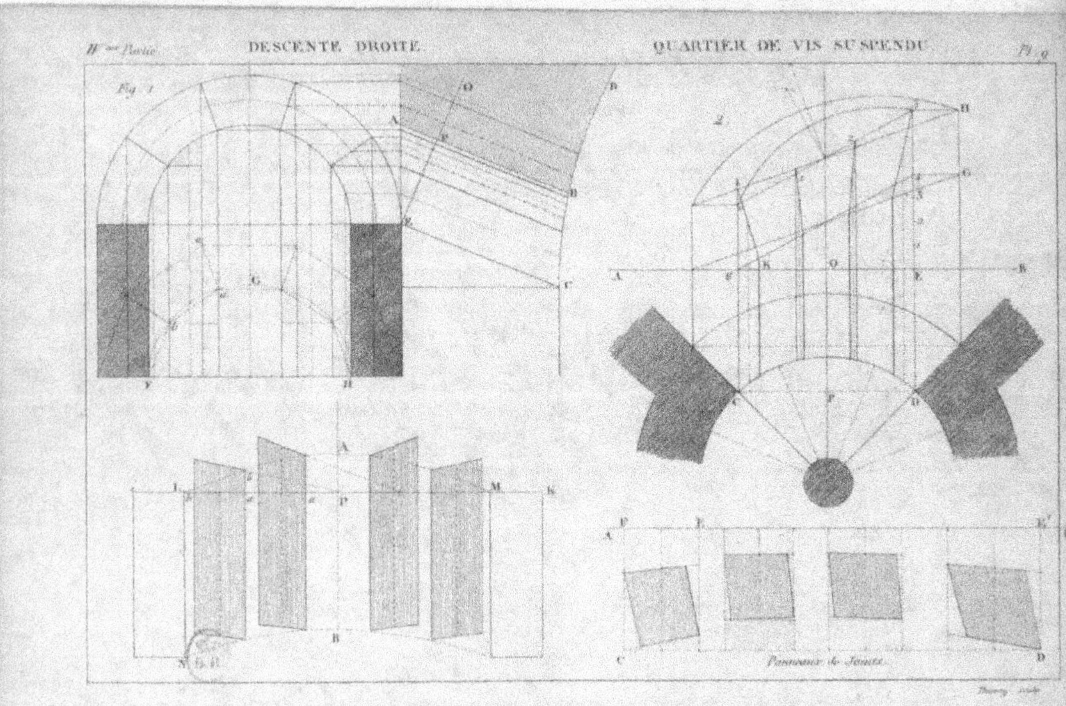
Fig. 1
2
Panneaux de Joints

Planche 9.

FIGURE 1re. — Descente droite en plein cintre rachetant un berceau.

On tracera un plein cintre sur deux pieds-droits, lequel sera divisé en cinq voussoirs et par demi-voussoirs, on tracera la descente AB en profil; on tracera un berceau CD, pris à volonté, on élèvera aussi une perpendiculaire EO sur AB, partant de E, qui servira à prendre les mesures pour construire l'arc droit FGH du plan, qui est le vrai cintre de la voûte de descente.

Pour avoir le développement des douelles et la forme des panneaux de joints, on tracera une ligne de direction sur laquelle on développera les douelles du cintre droit FGH, ce qui donnera la distance LM, puis on prendra sur le profil les longueurs, comme EC en LN, PB en PB, PA en PA, etc. Les hauteurs des panneaux de joints seront prises aussi sur l'arc droit, comme *aa* sur *aa*, *bb*, etc.

Quartier de vis suspendu.

On appelle ainsi quartier de vis une plate-bande circulaire rampante qui sert à supporter le bout de plusieurs marches où l'on veut mettre à jour une partie du mur de la cage pour éclairer l'escalier.

FIG. 2.

On tracera la vis ou plan de l'escalier avec l'ouverture de la largeur de quatre marches, on tracera ensuite une directrice AB à une distance voulue, par les points C, D on élèvera deux verticales; de E on portera quatre parties égales, et l'on tracera l'oblique à F, puis l'on donnera à la pierre une épaisseur prise à volonté, GH; on fera tendre à un centre les deux joints o et 3, on divisera l'espace de o à 3 en trois parties pour avoir les deux autres joints aux points 1, 2, et l'on terminera ainsi l'épure.

Pour avoir les panneaux de joints, on tracera la directrice AB, puis on lui mènera la parallèle CD à une distance OP; ensuite, prenant un point E à volonté sur AB, on prendra la distance IK que l'on portera en EF sur AB; on continuera à prendre les distances sur le plan en partant de la directrice AB.

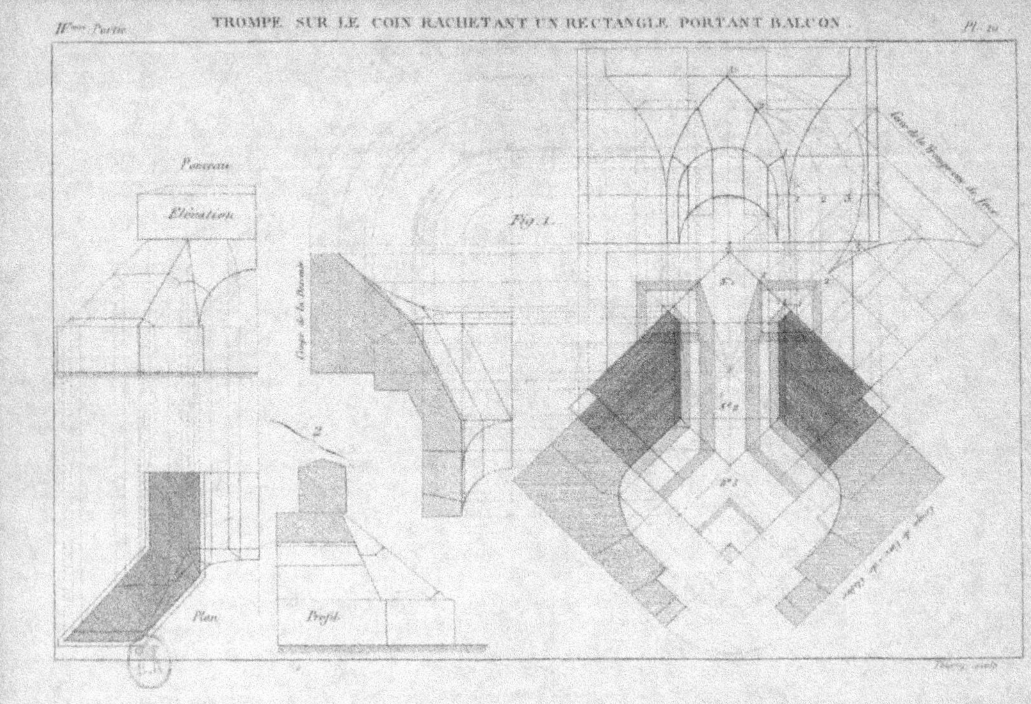
Panneau
Élévation
Coupe de la Ronaise
Fig. 1.
Plan
Profil

Planche 10.

FIGURE 1re.

Trompe sur le coin rachetant un rectangle portant balcon, n° 1 ; n° 2, descente ; et n° 3, plan d'un quart de voûte en arc de cloître avec plafond.

Après avoir tracé le plan d'ensemble de ces trois parties, et ayant déterminé l'ouverture de la descente, on tracera en élévation le plein cintre dont on abaissera la retombée des voussoirs sur le plan, ce qui servira à tracer les joints de la trompe dans cette projection ; puis on élèvera du plan les points 1, 2, 3, et à la rencontre des joints de l'élévation on aura les points du passage pour tracer la courbe parabolique de la trompe.

FIG. 2.

Ponceau avec mur ébrasé en glacis et en talus.

FIN DE LA QUATRIÈME PARTIE.

CINQUIÈME PARTIE

PERSPECTIVE LINÉAIRE.

Notion préliminaire sur la Perspective.

La Perspective est l'art ou plutôt la science du dessin, elle dérive des principes que nous avons donnés dans les parties que nous venons de traiter précédemment. La perspective linéaire est l'art de présenter les objets tels qu'ils sont aperçus au point de vue ou point visuel ; je m'explique en ce terme, parce que pour bien fixer un objet que l'on regarde, il ne faudrait le voir que d'un œil, afin que le point de vue fût fixe, comme en effet il doit être dans l'exécution du tracé.

Il y a deux manières de dessiner la perspective : on peut la dessiner à vue et de sentiment, sans règle ni compas ; mais il est difficile d'y bien réussir sans avoir d'abord étudié les principes de la perspective linéaire, qui donne des résultats certains et des méthodes faciles qui, étant gravées dans la mémoire, ajoutent au sentiment pour exécuter avec plus de hardiesse et de sûreté.

La perspective linéaire se trace d'après les dimensions réelles qu'on nomme géométrales : ainsi, connaissant les dimensions en largeur, hauteur et profondeur d'un objet à mettre en perspective, il sera facile d'en présenter le raccourci du point d'où il est aperçu par les méthodes dont nous allons donner connaissance ; on suppose d'abord que le papier ou la toile du tableau sur lequel on veut tracer un objet quelconque est une glace transparente interposée entre l'objet et le spectateur, à travers laquelle on suppose que le spectateur aperçoit ce que l'on veut représenter : ainsi, la base du tableau ou de la glace sera la ligne de terre sur laquelle on portera les largeurs réelles ou prises sur une échelle proportionnelle aux objets que l'on veut représenter par des largeurs en plan ; seulement les hauteurs réelles ou proportionnelles se portent sur le bord vertical du tableau. La *ligne d'horizon* est celle qui est parallèle à la ligne de terre ou base du tableau ; sa hauteur est déterminée par l'élévation de l'œil du spectateur, que l'on nomme *point de vue* ; le point de vue doit être au milieu du tableau et non sur le côté, mais toujours sur la ligne d'horizon qui sépare dans le tableau le ciel de la terre, et renvoie les objets lointains toujours sur cette ligne. On appelle *points de distance* ceux placés sur la ligne d'horizon à droite et à gauche du point de vue, et qui en sont éloignés de l'intervalle qu'il y a entre la surface du tableau et l'œil du spectateur : cette distance sert à trouver la profondeur ou enfoncement des objets dans le tableau; mais le spectateur est obligé d'être éloigné des objets qu'il fixe pour bien les apercevoir, la distance se trouvant souvent beaucoup trop longue pour être renfermée dans le tableau, ce qui embarrasse ceux qui tracent la perspective; il sera donné des moyens très-faciles pour raccourcir la distance et mettre les points de distance dans le tableau. Il y a aussi les points accidentels, les points aériens et terrestres; on en donnera la définition en traçant les figures pour lesquelles ces points sont indispensables.

Nous allons actuellement donner l'explication des figures les plus simples pour bien faire comprendre ce que nous venons d'exposer dans cette notion préliminaire.

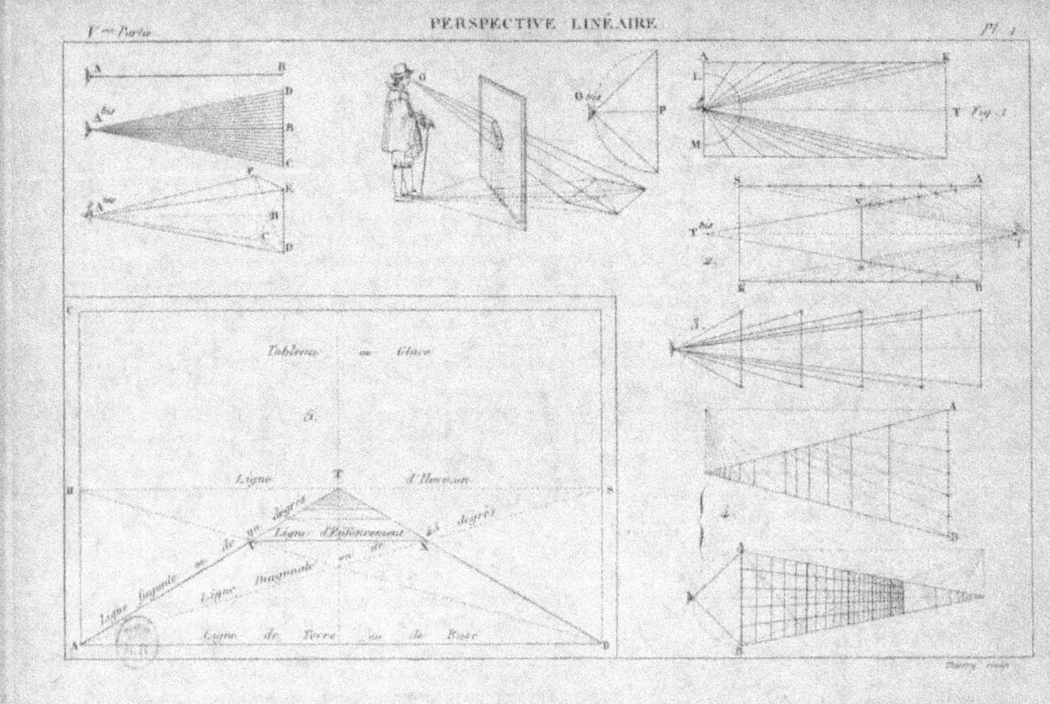
Tableau ou Glace
Ligne d'Horizon
Ligne d'Enfoncement
Ligne de Terre ou de Base

Planche 1re.

FIGURES A, A *bis*, A *ter*. — *Des rayons visuels.*

Si l'œil A fixe en B un point sur un tableau, cela ne formera qu'une seule ligne de l'objet à l'œil, qu'on nomme rayon principal : si en A *bis* l'œil fixe une largeur CD, il y aura plusieurs rayons ou lignes visuelles, qui embrasseront cette distance en largeur ; mais le rayon AB, qui est le plus court, est appelé rayon principal : si en A *ter* l'œil fixe une surface CDEF, il fixera alors en hauteur et en largeur, et les rayons alors sont infiniment nombreux ; mais celui qui part de A à B est toujours principal, c'est-à-dire le plus près de l'œil : il résulte, ces rayons se rencontrant et croissant en hauteur et en largeur, une surface transparente qui s'élève verticalement, que l'on nomme glace ou tableau, sur lequel se trouvent tracés les objets en perspective, comme on le voit représenté par la *fig*. O. La *fig*. O *bis* représente la distance OP du spectateur au tableau, qui est reporté à droite et à gauche du tableau, en A et B, comme il est représenté, *fig*. 5 de cette planche, par les points R, S.

FIGURE 1re.

Pourquoi les objets les plus éloignés semblent-ils s'approcher et se joindre, quoiqu'ils soient à égales distances, tels qu'une allée d'arbres?

C'est que les objets qui paraissent entre l'angle visuel d'où ils sont vus s'éloignent de A vers K et se rapprochent de la direction principale qui part de l'œil au point T, comme on le voit à la rencontre des lignes sur le demi-cercle LM.

FIG. 2.

Par exemple, l'œil T étant à une distance capable de voir la ligne AB, et des points A, B traçant deux rayons au point de vue T *bis*, les rayons AT *bis* et BT *bis* recevront les sections que le point de distance donne aux objets qui se resserrent proportionnellement, tellement que tout le parallélogramme ABKS, et tous les espaces qui sont à droite et à gauche, se trouvent réduits au petit espace AVRx ; et si l'œil était plus éloigné, ces espaces seraient plus petits. Il est évident que le point de l'œil du spectateur, et le point de vue qui lui est opposé, et qui est l'extinction des objets à notre vue, formant deux angles égaux dont les ouvertures sont en face et dont les rayons se croisent d'une manière opposée, donnent l'enfoncement des distances qu'on veut avoir.

FIG. 3.

Les objets se rapetissent, étant vus de loin, par la diminution de l'angle visuel. Supposons une avenue d'arbres bien plantés, et qui se forme de deux lignes parallèles qui ne doivent jamais se rencontrer ; mais, à notre vue, ces deux lignes paraissent concourantes et finissent par ne plus former qu'un angle dont le sommet est opposé à notre œil, et vient s'y réfléchir comme dans un miroir.

FIG. 4.

Manière de renfermer les points de distance dans le tableau, et de tracer autant d'enfoncements que l'on voudra jusqu'à l'horizon.

On portera sur la ligne de terre ou de base AB du tableau des parties égales très-petites que l'on pourra, dans l'enfoncement, répéter 10 fois, 30 fois, ou même 100 fois; ce qui donnera de grandes distances pour les enfoncements dans le tableau, qui seront des distances réelles vues en raccourci, et les divisions sur la ligne de terre se nommeront fictives ou proportionnelles.

Fig. 5.

Cette figure présente la disposition des principales lignes qui servent à tracer une perspective sur un tableau ou glace; la largeur horizontale AB fixe la largeur du tableau; la hauteur AC sera celle du tableau; la hauteur AR sera celle de l'œil du spectateur, reporté au point de vue T, par l'horizontale RS, parallèle à AB, et les espaces TS et TR représentent l'intervalle ou distance qu'il y a entre la surface du tableau et la station du spectateur, qui est dans la direction verticale, passant par le point T au milieu du tableau, comme on le voit dans la *Pl. 2*, *fig.* 4, et aussi dans la *fig.* O de cette planche; ensuite on aura une profondeur AV, égale à la largeur AB du tableau, par l'intersection de la ligne BR, tracée au point de distance R sur la ligne AT tracée au point de vue T; puis on trace l'horizontale VX, qui représentera en profondeur la largeur AB du tableau. Il résulte que les lignes AV, VX, XB et BA forment le carré en perspective, dont AB est la dimension réelle. On peut avoir une suite de carrés en profondeur, jusqu'à l'infini, en opérant toujours de même que pour le premier, comme on peut le voir aussi sur la *fig.* 4 de cette planche.

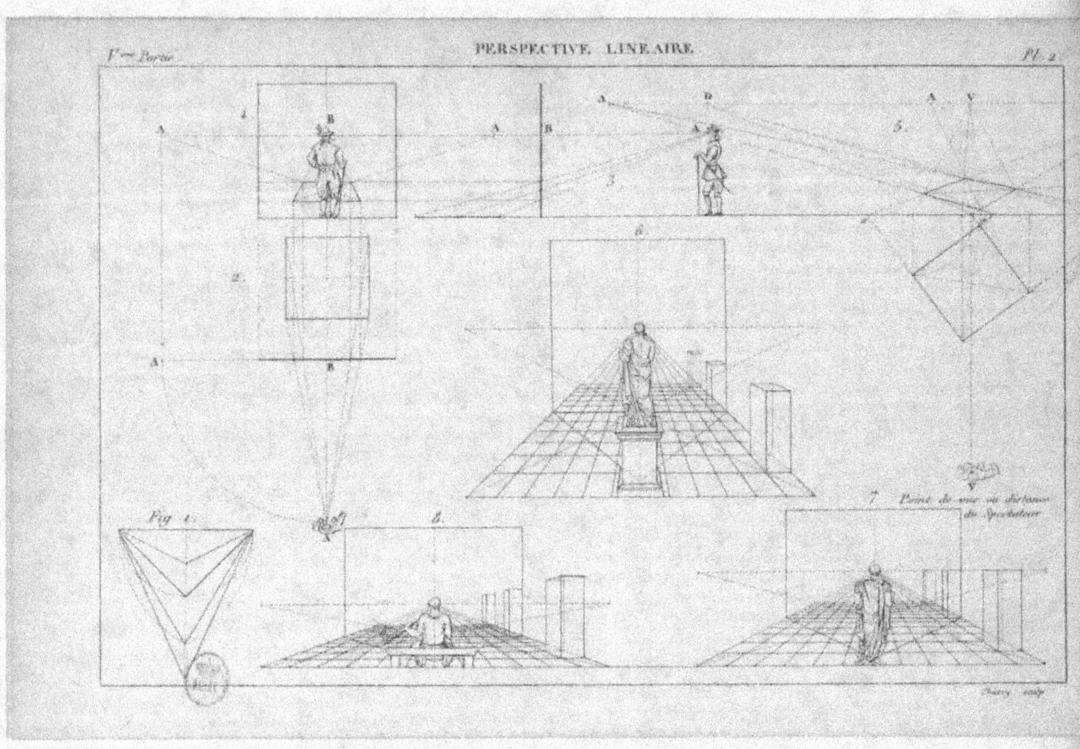

PERSPECTIVE LINEAIRE.
V.me Partie.
Pl. 2.
Fig. 1.
7. Point de vue ou distance du Spectateur.
Thiéry sculp.

Planche 2.

Figure 1re.

Nous observerons que l'œil ne peut aisément découvrir ce qui est compris dans un angle visuel droit, c'est-à-dire que la vue ne reçoit pas nettement ni entièrement les objets, quand les rayons forment un angle de 90 degrés, ou alors il faudrait tourner la tête à droite et à gauche, et même en haut, ce qui n'est point admissible pour bien voir un tableau; et en voici la raison : la prunelle étant proche du centre de l'œil ne peut recevoir nettement un quart de cercle ou 90 degrés, tellement que les objets qui sont au delà ne peuvent être aperçus que confusément; c'est pourquoi il faut éloigner le point de vue suivant la largeur ou la hauteur des objets que l'on veut représenter, pour qu'ils soient aperçus d'une manière convenable et que les fuites ou raccourcis ne soient point trop précipités; alors on peut voir dans un angle aigu, qui serait de 5o ou 4o ou même de 3o degrés, suivant que la disposition des objets aperçus l'exige.

Plusieurs auteurs fixent la distance à deux fois ou deux fois et demie le plus grand côté du tableau.

Fig. 2, 3 et 4.

Ces figures servent à montrer que le vrai point de distance sur ou au dehors d'un tableau est toujours la distance du rayon de l'œil du spectateur à sa rencontre sur le tableau ou glace; on en voit la preuve par la longueur AB du plan, *fig.* 2, et du profil, *fig.* 3, et que cette distance est réellement reportée en AB, *fig.* 4. Cette

manière d'opérer en perspective peut être employée lorsqu'on veut tracer la perspective avec le plan et un profil, car on peut tracer une perspective avec un plan seulement en portant des hauteurs sur le bord du tableau, comme nous le verrons plus loin.

Fig. 5. — *Des points accidentels.*

On est dans l'erreur si l'on croit pouvoir mettre le point de vue de côté; car, lorsqu'on regarde un tableau, on le regarde toujours de face, et l'on ne se porte pas sur le côté du tableau; s'il y a dans un tableau des objets qui se présentent de côté, c'est qu'ils paraissent d'une manière biaise à notre vue, et les points auxquels ces objets fuient sont des points accidentels, comme on les voit marqués en la *fig.* 5, A, A, A, et non des points de vue, car le point de vue est toujours au milieu du tableau, et il n'y en a qu'un seul. Ainsi on trouvera autant de points accidentels qu'on voudra sur la ligne d'horizon d'un tableau, pour des lignes qui ne seraient ni perpendiculaires, ni horizontales, ni à 45 degrés sur le plan.

La règle générale, dans la perspective des plans, est que les lignes perpendiculaires, ou de 90 degrés, fuient toutes au point de vue, que les lignes horizontales restent horizontales sur le tableau, et les lignes diagonales, ou de 45 degrés, représentent la distance du spectateur au tableau, comme on le voit en la *fig.* 4 de cette planche. Ainsi, pour avoir des points accidentels, il faudra toujours avoir recours au point de vue marqué V, et aux points de distance marqués D, afin de mettre chaque point séparément en perspective, pour avoir des points d'intersection. On emploiera le moyen dont nous allons faire usage sur la *Pl.* 5, pour mettre un point en perspective.

Fig. 6, 7 et 8. — *De la ligne d'horizon.*

Sur la *Pl.* 1re, *fig.* 5, sont représentées les principales lignes dénommées dans ces figures; nous allons parler en particulier de la ligne d'horizon: c'est celle qui, dans le tableau, sépare le ciel de la terre et borne la vue du spectateur; c'est la hauteur de l'œil qui la détermine dans le tableau. Ainsi, si le spectateur est élevé, comme dans la *fig.* 6, la ligne d'horizon sera plus élevée et l'on découvrira davantage sur le plan horizontal qu'en la *fig.* 7; sur la *fig.* 8, elle sera encore plus basse, en ce que le spectateur est assis. C'est toujours sur cette ligne que se trouvent placés le point de vue, ceux de distance et ceux accidentels; tout ce qui est au-dessous de l'horizon est aperçu en dessus, et aussitôt qu'on le passe, on ne peut plus le voir, comme sur les prismes droits élevés sur les deux derniers exemples; par conséquent, ces prismes droits étant tous de même hauteur, c'est donc l'horizon ou hauteur du spectateur qui en change l'effet et la forme.

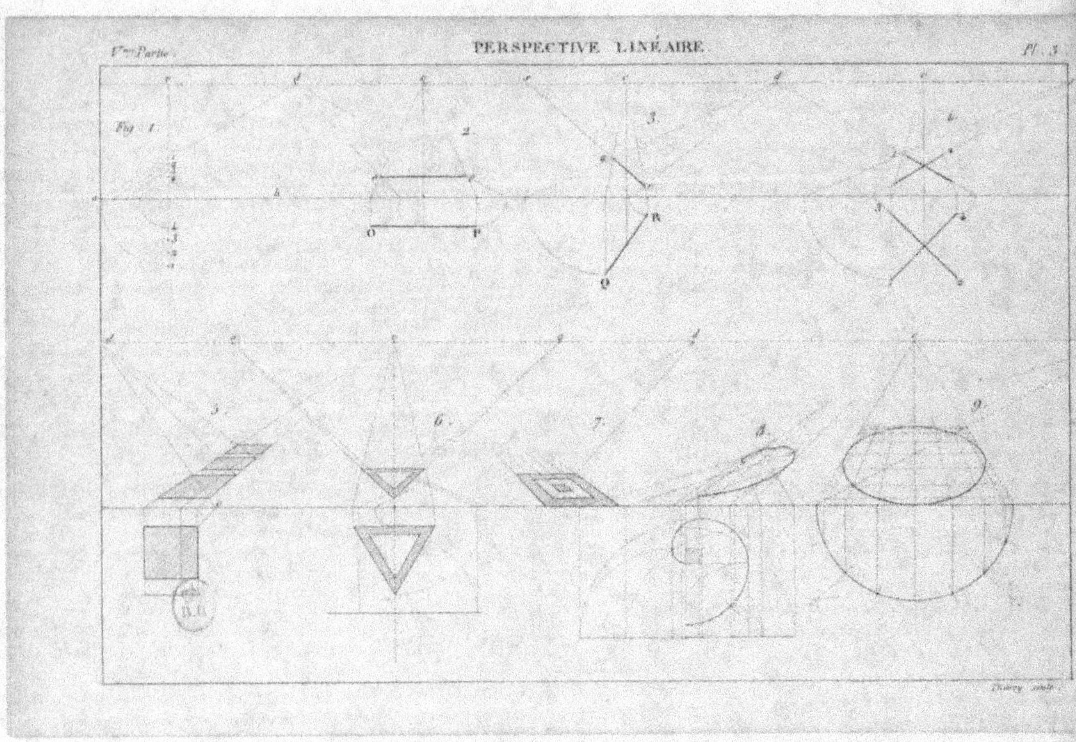

1.re Partie.
Pl. 3.
Fig. 1.
Fig. 2.
Fig. 3.
Fig. 4.
O P
Q
R
Fig. 5.
Fig. 6.
Fig. 7.
Fig. 8.
Fig. 9.

Planche 3.

Figure 1re. — Manière d'opérer pour mettre des points en perspective.

Si l'on veut mettre un ou plusieurs points en perspective, on déterminera d'abord une ligne de terre ou de base horizontale *ab*; la ligne d'horizon sera parallèle à la ligne de terre, sa hauteur sera déterminée par l'élévation du spectateur, comme on le voit sur la *Pl.* 2, *fig.* 6, 7 et 8; le point de vue *c* et le point de distance *d* seront placés à volonté; ces deux points n'en font qu'un seul lorsque le spectateur fixe est en position de face au tableau, et la distance *cd* est la vue de profil, comme on le voit sur la *Pl.* 1re, *fig.* O. Il résulte qu'en cette manière d'opérer on réunit à la fois, et sur une même surface, le plan, le profil et l'élévation. C'est par ce moyen que l'on obtient la perspective des points 1, 2, 3, 4, représentés sur le plan.

Fig. 2. — Mettre des lignes en perspective.

Sachant mettre un ou plusieurs points en perspective, on pourra aisément trouver la perspective de toute espèce de figures planes ou plan, puisque le point est l'élément de la ligne, que la ligne l'est des surfaces, et que les surfaces le sont des solides; ainsi nous pouvons en la *fig.* 2 déterminer sur le tableau la longueur et l'enfoncement d'une ligne horizontale, en mettant en perspective les points O, P, et cette ligne restera toujours horizontale sur le tableau, ainsi qu'une infinité d'autres qui seraient placées de même. Il n'en est pas ainsi de la ligne perpendiculaire en plan; il n'y en a qu'une qui est perpendiculaire, c'est celle du milieu qui va directement à l'œil du spectateur; toutes les autres divergent à droite et à gauche, et tendent toutes à l'œil ou point de vue, où elles viennent se réunir. Il résulte de l'effet naturel que toutes les lignes horizontales restent horizontales, et que les perpendiculaires tendent au point de vue; toutes celles comprises dans l'angle de ces deux lignes, ou de 90 degrés, tendent à des points accidentels qui se trouvent placés sur la ligne d'horizon (voyez *Pl.* 2, *fig.* 5); une seule, qui est à 45 degrés, tend au point de distance, celle qui fait intersection avec la perpendiculaire du plan, et qui détermine les profondeurs des objets dans le tableau, *fig.* 1re de cette planche. Ainsi toutes les diagonales de carrés, inclinées à 45 degrés avec la base du tableau, tendent au point de distance.

Fig. 3. — Trouver un point accidentel.

On peut tracer des lignes obliques sur le tableau sans connaître les points où elles doivent tendre, car souvent ces points ne pourraient y être renfermés; on mettra en perspective les deux points extrêmes de cette ligne, en opérant comme dans les *fig.* 1 et 2; en se servant de la ligne perpendiculaire tendant au point de vue *c*, et de l'intersection de la ligne diagonale tendant au point de distance *d*, on aura les intersections *q*, *r*, par lesquelles on tracera sur le tableau l'oblique *qr*, qui sera la perspective de l'oblique QR du plan géométral ou longueur réelle; en prolongeant *rq* vers

30

r, à la rencontre de la ligne d'horizon, ce point *r* sera accidentel et celui auquel tendraient toutes les lignes parallèles à *rq*.

Fig. 4.

Cette figure a été assez expliquée par les précédentes pour la bien comprendre au seul examen du tracé de la figure; nous dirons seulement que le point de distance, ou l'éloignement du spectateur au tableau, est reporté sur la ligne d'horizon à gauche comme à droite du point de vue *r*, afin de pouvoir s'en servir des deux côtés. (*Voyez Pl.* 1ʳᵉ, *fig.* O *bis.*)

Fig. 5.

Mettre un ou plusieurs carrés en perspective en observant une distance égale entre eux. Après avoir tracé un carré en plan géométral, on élèvera deux de ses côtés jusqu'à la ligne de terre ou base du tableau, on renverra ces deux points par des lignes tracées au point de vue *r*, puis on marquera sur la ligne de terre, en dedans du carré, un point *o* qui indiquera la distance que l'on veut mettre entre les carrés, et l'on tracera de même de ce point une ligne au point de vue; enfin on mènera la diagonale, *mn*, du carré jusqu'à sa rencontre avec la ligne de terre au point *e*, par lequel on tracera une ligne au point de distance *d*; cette ligne sera aussi diagonale en perspective, et, étant répétée successivement, donnera l'enfoncement graduel des carrés. On remarque que cette manière de tracer la perspective place les objets dans le sens inverse, c'est-à-dire que les objets qui sont le plus près de la glace s'y trouvent d'abord, et que les formes données dans le plan géométral s'y tracent en sens opposé. La figure suivante donne un exemple pour obvier à cette inversion, si l'on trouve convenable de l'éviter.

Fig. 6. — *Manière de mettre en perspective un triangle du même sens qu'il est tracé sur le plan géométral.*

Pour cet effet, il ne faudra que transposer une ligne de terre *tt* devant le plan qu'on veut mettre en perspective, opérer dessus et élever les points d'opération verticalement jusque sur la vraie ligne de terre. On tracera, pour déterminer la longueur des lignes tendant au point de vue et pour les profondeurs ou enfoncements sur le tableau, des lignes tendant aux points de distance *d*, *d*, et, par leurs intersections avec celles tracées au point de vue, on déterminera les points accidentels *a*, *a*, qui servent à tracer les figures proposées.

Fig. 7.

On peut tracer plusieurs carrés l'un dans l'autre, sans avoir besoin de plan géométral.

Fig. 8. — *De la spirale.*

J'ai représenté la ligne spirale en perspective du même sens que le plan géométral, en supposant une fausse ligne de terre, comme dans la *fig.* 6. Les largeurs de cette volute seront tracées au point de vue, et les enfoncements ou profondeurs aux points de distance *d*, *d*; leurs communes sections donneront des points par lesquels on fera passer la courbe spirale.

Fig. 9. — *Du cercle.*

Cette figure est si facile à mettre en perspective, que son examen suffira pour la bien tracer. Nous donnerons dans la planche suivante les moyens de mettre des cercles en perspective.

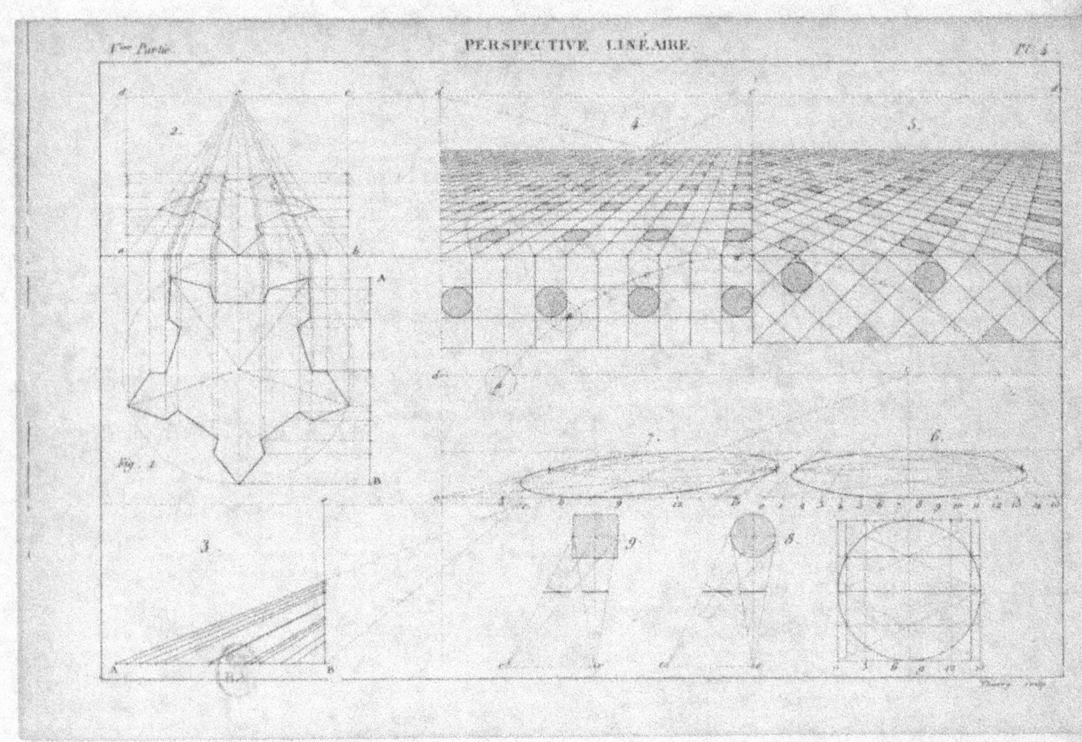

Planche 4.

FIGURES 1, 2 et 3. — *Perspective du plan d'un fort bastionné.*

Si l'on veut mettre en perspective le plan d'un fort flanqué de cinq bastions, *fig.* 1ʳᵉ, on en trace d'abord le plan géométral inscrit dans un cercle, comme tous les autres polygones réguliers; on mettra en perspective, *fig.* 2, le plan ci-dessous tracé, sans avoir besoin de point de distance ni de points accidentels sur cette figure. Nous tracerons une ligne de terre ou de base *ab*, puis une ligne d'horizon *de*, et l'on fixera la largeur du tableau à volonté; cette perspective sera simplement donnée par l'intersection de lignes perpendiculaires tendant toutes au point visuel *c*, et des lignes horizontales données par le profil, *fig.* 3. Nous tracerons sur le profil, en reportant sur une ligne de base AB les profondeurs prises sur le plan AB, *fig.* 1ʳᵉ, et l'on élèvera sur le profil, au point B, une verticale B*a*, qui représente la ligne de glace ou profil du tableau, sur laquelle viennent se marquer les points de profondeur que nous devons reporter sur les extrémités du tableau, *fig.* 2, par les parallèles que nous cherchions pour intersectionner sur les lignes tendant au point de vue qui est pris à volonté sur le profil, et qui représente la distance du spectateur par l'intervalle *vc*, *fig.* 3. Quand on fera des épures d'étude, on augmentera la distance *vc*.

FIG. 4 et 5.

Nous devons faire observer que les principes géométriques que l'on emploie pour tracer la perspective ne sont pas toujours d'accord avec son harmonie, qui tire son origine du point visuel et de la manière dont les objets se réfléchissent sur le globe de l'œil, comme nous en avons déjà parlé pour la *Pl.* 1ʳᵉ, *fig.* 1, 2, 3, 4 et 5; il faut donc obvier aux contradictions par des raisonnements qui nous rapprochent de la réalité. Cet inconvénient se fait apercevoir dans les carreaux en perspective, *fig.* 4 et 5, où ces carreaux qui doivent paraître tous égaux, et qui le sont effectivement, se rallongent parce qu'il y a des lignes droites que notre œil ne doit point voir droites, par la raison qu'en présentant une ligne droite sur un corps poli et susceptible de réfléchir, d'une forme cylindrique ou sphérique, vous verrez la ligne droite prendre la forme du corps qui la réfléchira. Notre œil est susceptible du même effet pour les lignes droites, prolongées à droite et à gauche; aussi une des diagonales des carreaux se trouve-t-elle être beaucoup plus longue qu'il ne le faut: or, si l'on inscrit un cercle dans ces carreaux, ils seront dans le même cas, ce qui nous éloigne de la vérité. Si l'on suppose que ces cercles sont les plans d'une rangée de colonnes, elles ne sauraient être égales en grosseur; mais si on les suppose sur un plan circulaire parallèle à la forme de l'œil, elles paraîtront, en effet, toutes égales par leur disposition et celle de l'œil, comme on l'a représenté en *a*, *b*, *c*, *d*.

FIG. 6. — *Méthode pour mettre un cercle en perspective sans se servir du plan géométral.*

Cette méthode est d'autant préférable aux autres qu'elle rapproche les points de passage du cercle vers les extrémités où le cercle se courbe davantage. On fixera donc sur la ligne de base une longueur déterminée, qui sera le diamètre du cercle qu'on veut mettre en perspective, ou le côté du carré dans lequel il est inscrit; on divisera cette longueur en 15 parties égales, et l'on mettra le carré en perspective; ensuite on tracera au point de vue *c*, par les points 1, 3, 12 et 14, des lignes sectionnant les obliques, figurées sur le petit plan au-dessous, et rencontrant de même les horizontales qui divisent le carré en quatre parties égales; on aura douze points pour tracer le cercle en perspective.

Fig. 7.

Si sur une même base, prise sur le côté du point de vue, on trace en perspective un cercle par la même méthode, on verra sensiblement le défaut dont nous avons exposé la cause et que nous reproduisons par les deux figures suivantes.

Fig. 8 et 9.

Ces figures servent à montrer que des distances égales, vues sur une ligne de front, paraissent toujours égales à l'œil du spectateur, puisque l'œil *e* changeant de place, la ligne reste de même longueur; de même que sur les *fig.* 6 et 7, les espaces de 0 à 15 sont égaux. Nous donnerons pour la *Pl.* 6 la suite de cette explication et en même temps sa conclusion.

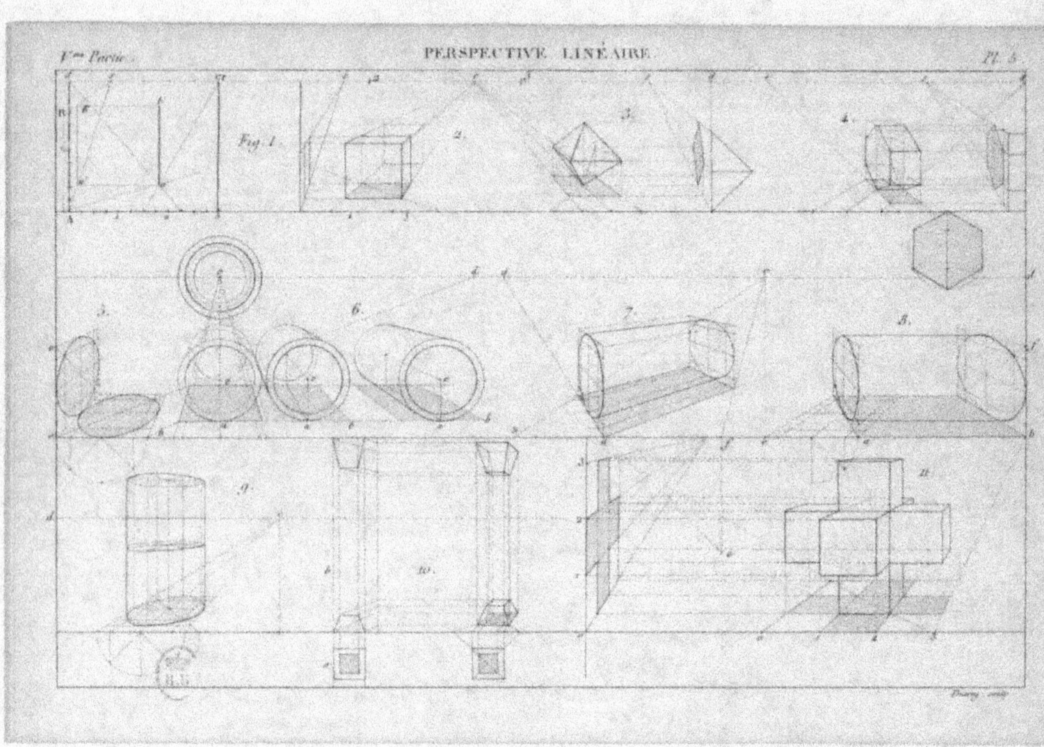
Fig. 1.
2.
3.
4.
5.
6.
7.
8.
9.
10.
11.

Planche 5.

FIGURE 1ʳᵉ. — *Perspective des élévations.*

La perspective en élévation consiste à représenter des corps en hauteur, largeur et profondeur, c'est-à-dire en enfoncement sur le tableau; ainsi les largeurs et la profondeur d'un corps sont données par le plan ou partie inférieure d'un corps. Nous allons faire voir, *fig.* 1ʳᵉ, comment on peut trouver une hauteur enfoncée dans le tableau : je suppose que l'enfoncement du point que je veux élever ait 3 parties, et la hauteur 8; je porterai 3 parties sur la base, et je tracerai de l'une de ses extrémités une ligne au point de vue d, et de l'autre au point de distance c; la rencontre des deux lignes donnera le point a' d'enfoncement dans le tableau; puis de ce point j'élève une verticale indéterminée $a'b'$, et pour déterminer sa hauteur il faudra construire une échelle fuyante : elle est appelée ainsi, parce qu'elle détermine des dimensions fuyantes. Elle sera construite sur l'un des bords verticaux du tableau : ainsi je porte 8 parties sur un de ces bords, et sur la ligne d'horizon je placerai un point s pris à volonté; puis de ce point, traçant des lignes fuyantes aux points A, B, et de a' menant une horizontale $a'a''$, et de a'' élevant la verticale $a''b''$, cette hauteur sera celle que doit avoir $a'b'$, dont nous cherchions l'enfoncement.

Fig. 2.

D'après l'explication qui vient d'être donnée, pour fixer une hauteur quelconque en enfoncement dans le tableau, par le moyen de l'échelle fuyante, il sera facile de tracer en perspective toutes sortes de solides, soit un hexaèdre, *fig.* 2, en établissant d'abord le plan perspectif par des dimensions réelles ou proportionnelles portées sur la ligne de terre ou de base, et pour les hauteurs, les dimensions portées sur l'une des extrémités verticales du tableau, comme nous l'avons expliqué *fig.* 1ʳᵉ; ainsi 4 parties seront les dimensions de l'hexaèdre, et 3 parties son enfoncement dans le tableau. Après avoir déterminé la ligne d'horizon, on y placera le point de vue au point c, et celui de distance au point d, et l'on exécutera ensuite le tracé.

Le même procédé sera employé pour les *fig.* 3 et 4.

Fig. 5. — *Méthode pour tracer un cercle en projection verticale, mais fuyant au point de vue.*

Il ne s'agira, pour l'exécuter, que d'opérer de même que si vous le faisiez en projection horizontale, c'est-à-dire que vous portez l'intervalle ab sur une ligne verticale ac : ainsi, par ce moyen, on pourra mettre en perspective un cylindre dans toutes les positions possibles, puisque le cercle est l'élément des solides ronds.

Fig. 6.

Quatre cylindres creux posés horizontalement, et dont les projections planes sont des rectangles qui déterminent la longueur des cylindres; par les milieux a, a, a on élèvera des verticales sur lesquelles on déterminera les centres des cercles des cylindres, en portant la distance *ab* en *ae*; le cercle ne change point de forme lorsqu'il est dans cette position à l'égard du spectateur.

Fig. 7.

Pour tracer un cylindre en perspective dans une direction de 45 degrés, à l'égard de la position du spectateur, on opérera de cette manière : on portera sur la ligne de terre le diamètre du cylindre en *ab*, puis l'on déterminera sa longueur géométrale en *ae* par une ligne de 45 degrés *ae*, et l'on élèvera *e* en *f* sur la ligne de terre, puis on construira le rectangle ou plan horizontal du cylindre perspectif; on continuera d'opérer sur le point de vue *c* et sur le point de distance *d*.

Fig. 8.

Après avoir tracé en perspective le cylindre dans les figures précédentes, nous pourrons facilement en tracer un qui soit parallèle au spectateur; mais, sur le côté, l'on portera sur la ligne de base la longueur du cylindre donné par *ab*, et sa grosseur par *ae*; on portera aussi en position verticale sa grosseur ou diamètre égal à *ae* sur *bf*, et l'on continuera le tracé comme dans la *fig.* 5.

Fig. 9.

On pourra aussi tracer un cylindre, ou tambour de colonne, dans la position verticale; on indiquera d'abord son plan inférieur, qui est un cercle perspectif: si l'on suppose des coupes horizontales sur ce cylindre, ce sera autant de cercles, mais qui ne paraîtront plus former qu'une ligne droite à la hauteur de la ligne d'horizon sur laquelle l'œil du spectateur est placé; au-dessus de cette ligne, les cercles reparaissent progressivement, et déterminent le plan supérieur du cylindre.

Fig. 10.

On propose de mettre en perspective un pilastre avec la masse de sa base et de son chapiteau; on fera d'abord le plan en *a* et l'élévation en *b*, qui servira d'échelle fuyante.

Fig. 11.

Mettre en perspective une croix grecque inscrite dans un cube ou hexaèdre. Pour bien exécuter cette figure, il faut relire l'explication de la *fig.* 1ʳᵉ de cette planche.

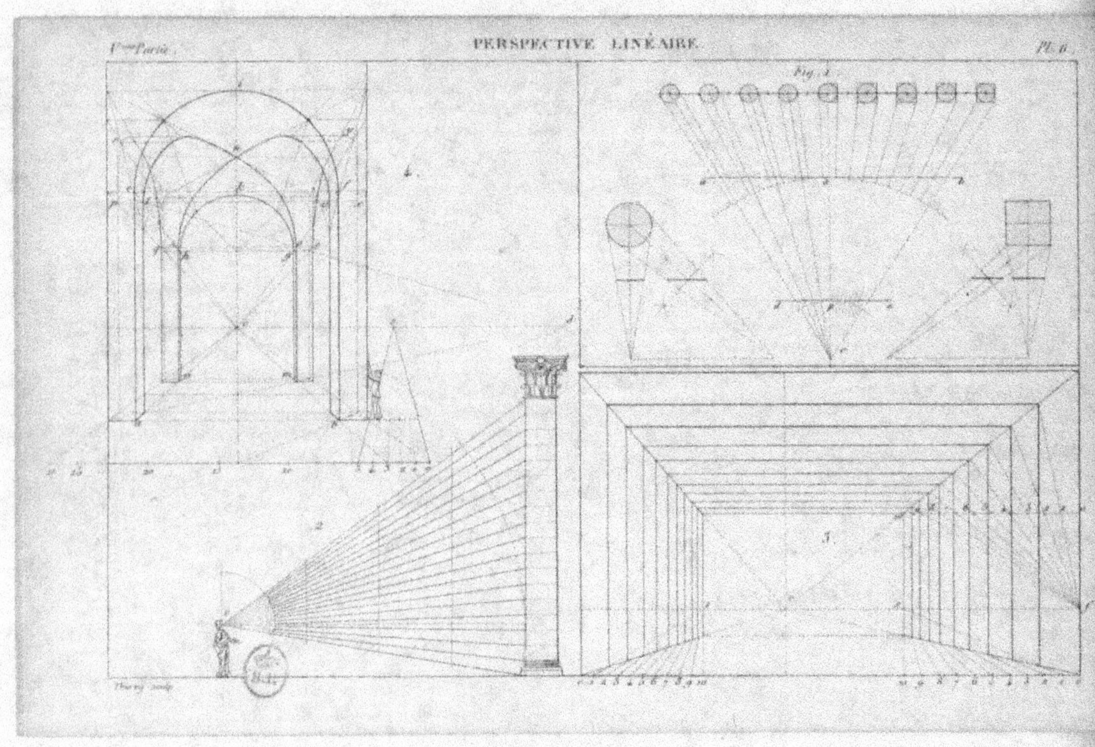
1re Partie.
Fig. 4.
1
2
3
4

Planche 6.

Dans la *Pl.* 4, *fig.* 4, 5, 6, 7, 8 et 9, nous avons montré que les principes de la perspective jetaient quelquefois dans des erreurs; nous ne pouvions mieux résoudre ce paradoxe qu'en reproduisant ici, dans les *fig.* 1ʳᵉ et 2 de cette planche, les explications qui ont été déjà données par les anciens auteurs, et plus récemment dans l'œuvre de feu M. Thibault. Voici ce qu'il dit :

Observation sur la vue de front d'une colonnade ou d'une tour.

Si l'on veut représenter une colonnade vue de front, *fig.* 1ʳᵉ, il faut figurer sur le tableau les colonnes égales, quelle que soit l'étendue de cette colonnade; si l'on a une tour ou des colonnes vues de front, *fig.* 2, divisées en assises égales, il faut figurer sur le tableau les assises égales, quelle que soit la hauteur de la tour ou des colonnes.

D'autres auteurs ont pensé que les colonnes devaient diminuer à mesure qu'elles s'éloignaient du rayon principal.

Si l'œil d'un spectateur est placé en un point *c*, devant une colonnade vue de front, et que l'on mène de ce point des rayons ou lignes tangentes à toutes les intersections de ces lignes, et de l'une quelconque des lignes *ab*, *de*, prise pour le tableau, on aura les largeurs des colonnes sur *ab*, *de*, et il est à remarquer que ces largeurs, au lieu d'être égales, sont d'autant plus grandes qu'elles s'éloignent davantage de la verticale *co*; mais c'est sur un arc dont notre œil est le centre que nous jugeons de l'ouverture de deux angles différents, et par conséquent de la grandeur des objets : ainsi les rayons visuels tangents aux colonnes interceptent sur les arcs décrits du point *c* comme centre, avec *co*, *cp* pour rayons, des largeurs qui sont d'autant plus petites qu'elles s'éloignent plus de la verticale *co*.

Concluons que si, dans la nature, des colonnes qui composent une colonnade vue de front sont égales, il faut les dessiner égales, parce que nous les verrons sur le tableau telles qu'elles sont dans la nature, et l'effet optique qui, dans la nature, nous fait paraître plus petites les colonnes vues obliquement, nous les fera paraître de même sur le tableau.

Ce que nous venons de dire pour les colonnes en plan s'applique aux assises égales des colonnes en élévation, vues de front.

FIG. 3.

Méthode pour dégrader des parties égales en enfoncement sur un tableau, sans le secours du point de distance. Après avoir fixé la profondeur que l'on veut diviser en parties égales fuyantes, on abaissera sur la ligne de base ces mêmes lignes qui la déterminent; on divisera ces espaces en autant de parties égales qu'on voudra pour les avoir en profondeur, en faisant fuir, aux points *t*, *z*, des lignes qui, rencontrant les obliques de fuite au point de vue *c*, donneront les points pour élever les verticales fuyantes.

Fig. 4.

Manière de tracer en perspective une voûte formant arête, en traçant sur la ligne de base une échelle pour en déterminer les mesures, tant en largeur qu'en hauteur.

Nous supposerons que les murs verticaux parallèles deux à deux forment les pieds-droits de la voûte, les uns sont parallèles au tableau, les autres lui sont perpendiculaires; et que les quatre berceaux cylindriques qui viennent aboutir à l'espace couvert par cette voûte, et qui sont deux à deux le prolongement l'un de l'autre, ont pour sections verticales des courbes égales.

On tracera les carrés perspectifs *abme* et *efgh* pour les perspectives des sections des pieds-droits par le plan principal et par le plan horizontal de la naissance de la voûte; les perspectives des sections des quatre berceaux cylindriques par des plans verticaux sont représentés par les courbes *eif*, *prq*, *hkg*, *xyz*; les deux courbes d'arêtes *luz*, *uno* se rencontrent au point *n*. Le tracé de ces six courbes sera facilement exécuté, d'après ce qui a été dit pour la *Pl. 8*, *fig.* 6, 7 et 8.

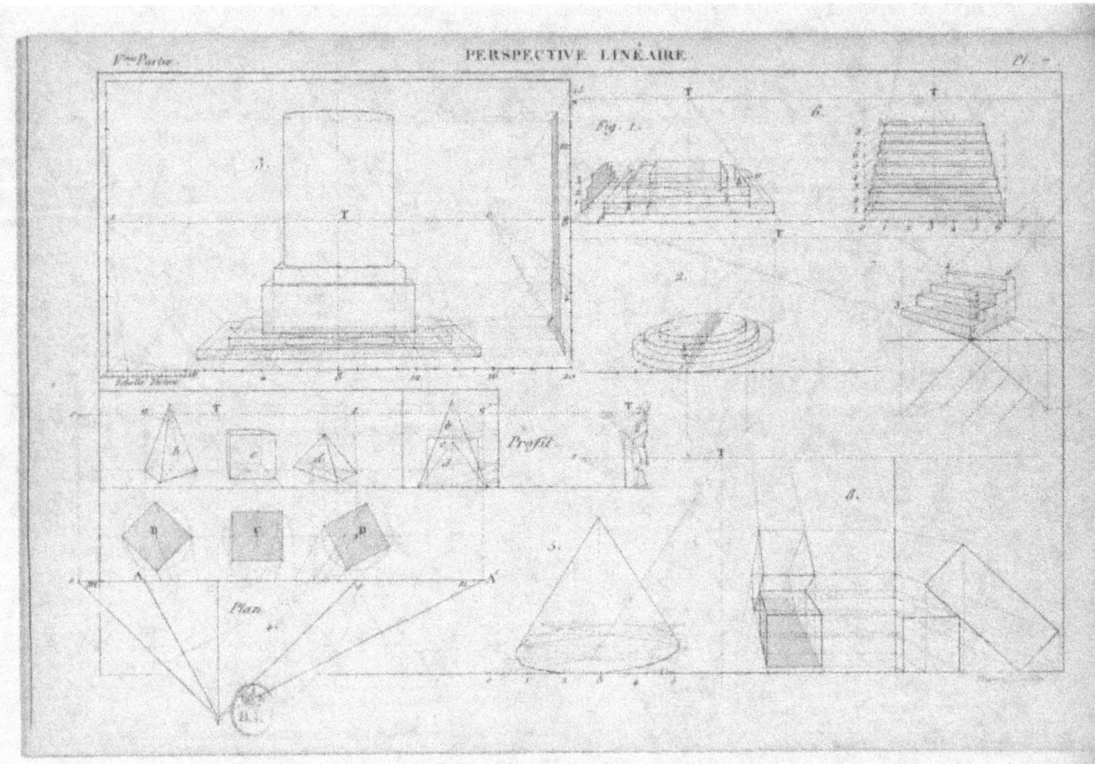
Fig. 1.
Profil
Plan

Planche 7.

Figure 1re.

Pour tracer en perspective un perron carré ou quadrangulaire, on portera un nombre de parties égales proportionnelles aux dimensions des marches, puis l'on fera en plan autant de carrés perspectifs concentriques, comme on les voit exécutés en la *Pl.* 5, *fig.* 7 ; des angles *a*, *b*, *c* de ces carrés, on mènera des horizontales jusqu'à la rencontre d'une ligne fuyante, prise à volonté, pour construire le profil ou échelle fuyante, qui sert à déterminer les marches en élévation ; on portera sur le profil autant de parties égales qu'on voudra faire de marches : par exemple, trois ; on mènera de ces points des lignes fuyantes au point de vue T ; on tracera l'échelle fuyante, et des angles du profil on renverra des horizontales à la rencontre des verticales élevées des points *a*, *b*, *c* du plan, et l'on obtiendra la perspective du perron.

Fig. 2.

On pourra facilement parvenir à tracer en perspective un perron circulaire, sachant mettre en perspective un cercle. Nous pourrons en faire de concentriques et d'élevés, suivant un profil ou échelle fuyante faite sur le diamètre perpendiculaire du cercle fuyant au point de vue T, et l'on aurait aussi des profils diagonaux tendant aux points de distance *s*. En exécutant cette figure plus en grand, on aurait facilement des intersections multipliées pour le passage des cercles.

Fig. 3.

Lorsque sur un tableau on y trace un objet colossal, le spectateur doit être éloigné, et le point de distance ne peut être renfermé dans le tableau ; alors on diminue l'échelle du tiers, du quart ou du huitième, autant qu'on voudra éloigner le point de distance, comme nous l'avons exposé, *Pl.* 1re, *fig.* 4, et *Pl.* 5, *fig.* 1re : ainsi, la distance Ts ne sera qu'au quart de distance, en raison de ce que notre échelle fictive n'est que le quart de l'échelle réelle. Pour tracer ce piédestal, on fera d'abord le plan perspectif, d'après lequel on mènera des parallèles pour former l'échelle fuyante, en mettant sur la ligne d'horizon un point *e* pris à volonté, auquel on fera fuir les hauteurs à ce point ; l'échelle fuyante étant construite, elle servira à déterminer les hauteurs sur l'élévation perspective, et ce piédestal sera tracé.

Fig. 4. — *Mettre en perspective des pyramides quadrangulaires sous divers aspects, par le moyen des plans et des profils.*

On opère dans le plan, pour trouver les points de distance et accidentels, en menant des parallèles aux côtés des bases de pyramides, par le point de distance marqué T, qui est dans le plan.

La pyramide B étant oblique à 45 degrés sur la base *ma* du tableau, et le cube C lui étant parallèle, les côtés de la base B concourent aux points de distance ; mais la pyramide D ayant une obliquité différente de 45 degrés, les côtés de sa base concourront à des points accidentels qu'on obtiendra en menant par le point de vue T, dans le plan, des parallèles TA et TA' aux côtés de la base D de la pyramide ; en sorte que A et A' seront les points accidentels nécessaires pour mettre la base D en perspective. Les points de distance s, s et les points accidentels A, A' seront reportés sur la ligne d'horizon en s, s et a, a' ; les distances verticales seront prises sur le profil. En opérant comme précédemment, on achèvera de mettre les pyramides en perspective.

Fig. 5.

Tracer un cône en perspective. On mettra un cercle en perspective en divisant le côté du carré dans lequel il doit être inscrit, en cinq parties égales. (*Voyez la Pl. 4, fig. 6.*)

Fig. 6.

Pour tracer en perspective un escalier montant en face, on se servira du point aérien qui se trouvera à la rencontre de la ligne verticale, passant par le point de vue ; on portera sur la ligne de terre autant de parties égales qu'on voudra avoir de marches, puis on tracera en plan l'enfoncement de ces marches, en traçant du point 7 au point de distance S, à la rencontre de la ligne oT, tendant au point de vue T; ensuite sur une verticale élevée par le point o, on portera la hauteur des marches qu'on tracera au point de vue, ce qui donnera le dessus des marches ; enfin on mènera la diagonale ob, qu'on prolongera jusqu'à la verticale passant par T, et par cette rencontre le point aérien sera déterminé.

Fig. 7.

Perron de quatre marches disposé d'une manière biaise à mettre en perspective. Les lignes 1...3 et 2...4 tendront à des points accidentels ; on tracera d'abord le plan horizontal (on consultera la *fig.* 5 de la *Pl.* 2, ainsi que les *fig.* 3 et 4 de la *Pl.* 3). Les lignes que l'on tracera par les points 1...2 et 3...4 tendront à un point aérien, à la rencontre des deux lignes. Ainsi, sur un tableau, les lignes qui ne sont ni horizontales ni verticales sont des lignes hors du niveau et de l'aplomb, et sont penchées dans un sens quelconque, et tendent à des points aériens ou terrestres suivant leur position à l'égard du spectateur; ainsi une rampe d'escalier, un toit de maison, un fronton, un solide quelconque, tel qu'un prisme régulier ou pierre oblongue, une croix penchée, etc., tendent à des points terrestres ou à des points aériens.

Fig. 8.

Pour tracer en perspective un prisme dans une pente quelconque, posant sur l'arête d'un hexaèdre, on en tracera d'abord le profil géométral ; après avoir fixé le point de distance s en profil, et celui T en face, on tracera le plan perspectif duquel on élèvera des verticales qui, rencontrant les horizontales menées du profil, donneront les points pour tracer les solides en perspective; les arêtes formant le prisme tendront les unes à un point aérien, et les autres à un point terrestre, tous deux se rencontrant sur la verticale du point de vue.

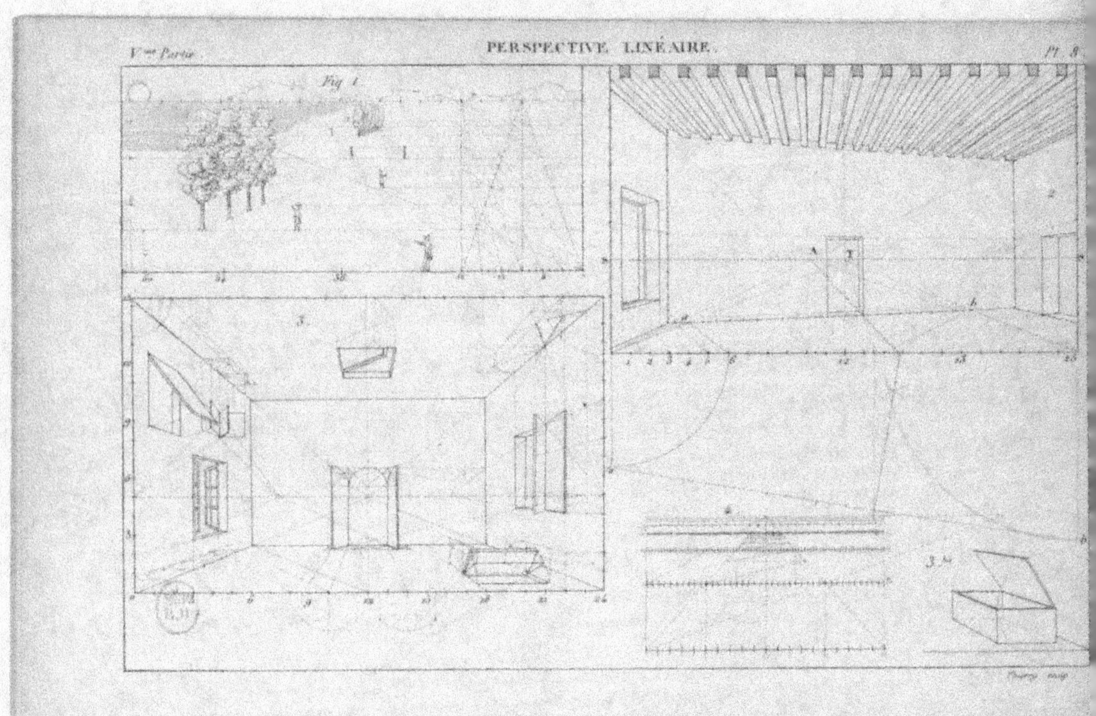

Fig. 1.

Planche 8.

FIGURE 1re.

Cette figure est l'application des *fig*. 4 et 5 de la *Pl*. 1re. On voit ici que la ligne d'horizon est terminée par la surface de la mer sur laquelle on voit lever le soleil ou la lune.

FIG. 2.

Lorsqu'on se propose de mettre en perspective une vue intérieure, et qu'un des points accidentels est fort éloigné, on se sert du point de vue et du point de distance (*voyez* la *Pl*. 3, *fig* 3). On peut aussi employer les parties égales, proportionnelles et graduelles : on mettra en perspective *a* et *b* et l'on tracera l'oblique *ab* sans avoir le point accidentel ; on trouvera un point accidentel A, en élevant une perpendiculaire sur la ligne *ab* du plan, et toutes les lignes qui sont parallèles à la perpendiculaire tendront à ce même point A.

FIG. 3.

Intérieur en perspective d'une salle de 24 parties sur 15 de hauteur, et 12 parties de profondeur. On y trace des ouvertures sur toutes ses faces dans différentes positions ; ces ouvertures de porte, croisée, trappe, store, etc., ne sont que des surfaces qui décrivent des portions de circonférence qui tournent sur un centre. Ainsi ce ne seront que des cercles ou portions de cercle à mettre en perspective sur les faces d'équerre à ces ouvertures ; on pourra consulter les *fig*. 5, 6, 7, 8 de la *Pl*. 3. On voit aussi que les côtés fuyant de ces ventaux ou châssis tendent à des points accidentels, qui se rencontrent tous sur la ligne d'horizon.

FIG. 3 *bis*.

Cette figure représente un coffre dont la face latérale est parallèle au spectateur et dont le couvercle n'est qu'entr'ouvert.

FIG. 4.

Échelle proportionnelle d'enfoncements, diminuant de moitié en moitié jusqu'à zéro, sans se servir du point de distance. Cette dégradation est beaucoup moins fuyante que celle obtenue par le point de distance. Cette méthode n'est que peu usitée.

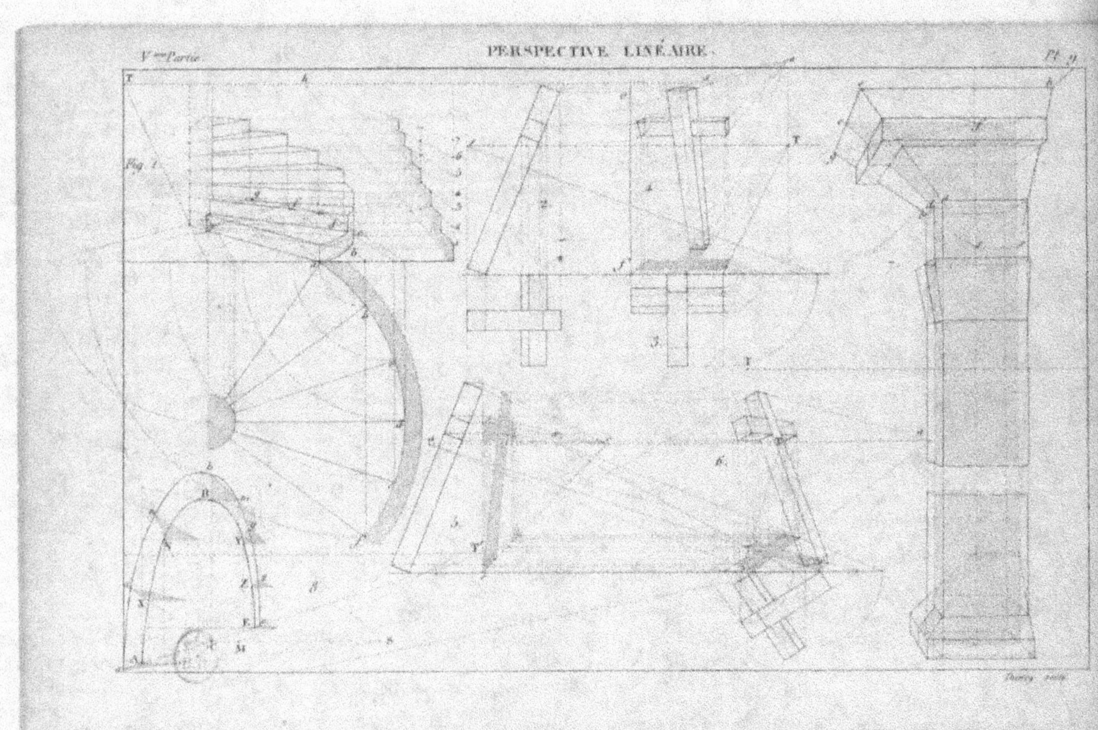

Planche 9.

Figure 1re.

Pour tracer en perspective un escalier circulaire, on fera d'abord le plan géométral, ensuite on aura le plan perspectif en mettant successivement les points a, b, c, d, e, f, g en perspective, et l'on aura les mêmes points pour tracer la portion de cercle du plan perspectif; de ces points a, b, c, d, e, f, g, on élèvera des verticales qui détermineront l'extrémité des marches; leur hauteur sera déterminée par les horizontales menées du profil ou échelle fuyante, tendant à un point h donné, en fixant la hauteur des marches par les points 1, 2, 3, 4, 5, 6, 7.

Fig. 2, 3 et 4.

Si l'on veut mettre en perspective une croix en charpente, et qu'on la suppose inclinée et posant sur une des arêtes de son pied, on tracera d'abord le profil et le plan géométral de cette croix, puis l'on tracera le plan de la croix dans la position, fig. 3, pour en faire le plan perspectif; on trace les perpendiculaires au point de vue T, et les diagonales au point de distance x. Pour les enfoncements, on élèvera les verticales du plan perspectif, et l'on mènera des horizontales du profil, fig. 2, jusqu'à la rencontre du bord ef, de la glace ou tableau; les arêtes des faces inclinées de la croix, fig. 4, tendront les unes à un point aérien a, et les autres à un point terrestre prolongé fort loin en dessous de la base du ta-

bleau. Les arêtes horizontales ne fuient point et restent toujours horizontales, et la croix sera tracée suivant la fig. 4.

Fig. 5 et 6. — *Manière de tracer en perspective une croix inclinée par le profil, et biaise par son plan.*

On fera le profil, fig. 5, et le plan géométral biais; après avoir placé sur la ligne d'horizon le point de vue T et le point de distance x, on tracera le plan perspectif de la croix qui servira à déterminer les points accidentels a, a, auxquels tendent les lignes du plan de cette croix, puis on fera l'échelle fuyante tendant à un point donné c, en menant les horizontales du plan perspectif jusqu'à la ligne de fuite cc; enfin à la rencontre des verticales élevées du plan et des horizontales menées du profil ou échelle fuyante, on aura des points pour tracer la croix en perspective, fig. 6.

Fig. 7.

Pour tracer en perspective un pilastre avec sa base et surmonté de son entablement, on en tracera d'abord le profil géométral et l'on déterminera sur le plan l'épaisseur fuyante du pilastre qu'on élèvera verticalement jusqu'au-dessous de la corniche en ab; on tracera l'oblique cd prolongée jusqu'à l'axe du pilastre en e, puis par s on tracera sa, sb, prolongés jusqu'à la ligne fuyante $de c$ au point de vue T; on tracera ensuite les diagonales ef, fg, et de g on menera l'oblique *gz*. On opère de même pour la base du pilastre et l'architrave de la corniche.

Fig. 8.

La demi-circonférence AXNBYZE étant donnée, on propose de lui circonscrire une autre demi-circonférence, dont le diamètre *aC* est donné. Il suffira de former un angle droit *bCS* et d'en faire un autre plus petit *bBm*, qui sera proportionnel; on portera *Bm* en CM et l'on fera fuir par le point M une ligne au point de vue T', ce qui donnera le moyen de tracer les autres triangles rectangles proportionnels, partant de X, N, Y, Z et A E; et par les points *x*, *n*, *b*, *m*, *y*, *z*, on tracera le cercle circonscrit au premier; on peut opérer de même pour des cercles horizontaux.

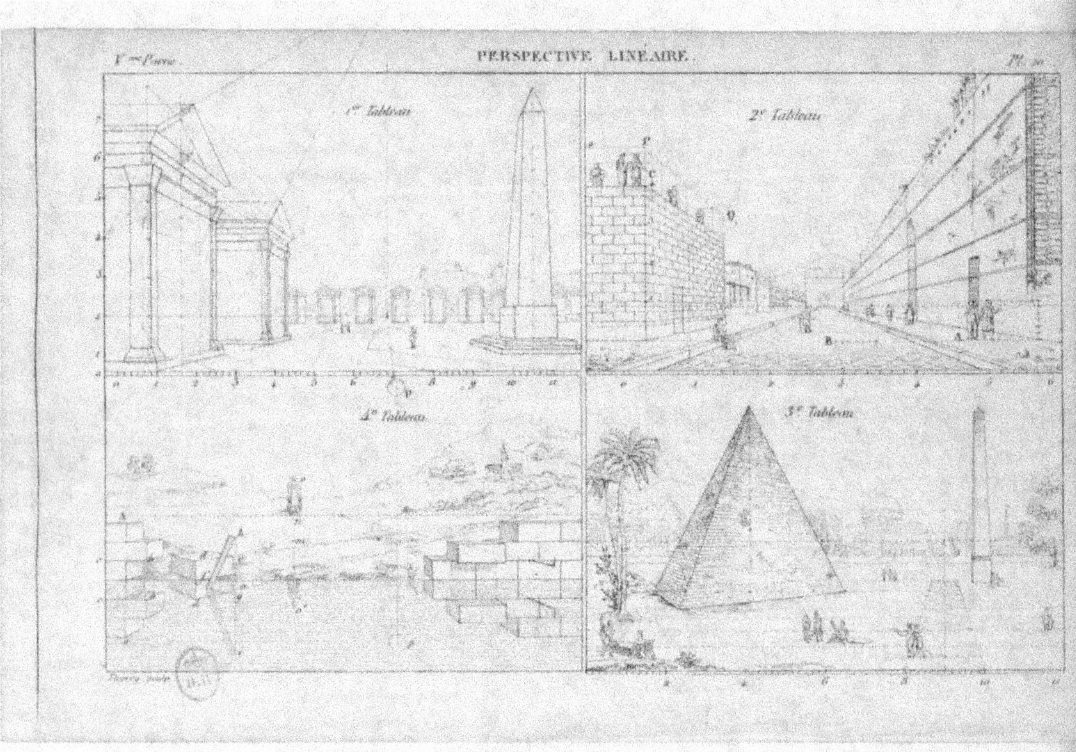

1.ᵉʳ Tableau
2.ᵉ Tableau
4.ᵉ Tableau
3.ᵉ Tableau

Planche 10.

Cette planche présente quatre tableaux différents.

1ᵉʳ TABLEAU.

Il représente une place publique, on peut juger de la grandeur des édifices par la hauteur des personnages qui se trouvent devant, car la hauteur d'un homme est toujours de 1ᵐ,60 à 1ᵐ,75. Ainsi, dans un enfoncement quelconque, un homme diminue proportionnellement avec le monument, ou autre objet qui se trouvera au même degré d'enfoncement, ce qui en fera connaître ou apprécier la proportion; mais il faut toujours, lorsqu'on veut tracer une perspective sur un tableau, marquer une échelle sur le bord inférieur du tableau et la reporter sur l'un des bords verticaux, et que cette échelle soit toujours proportionnée aux objets que l'on veut représenter. On fera aussi une échelle fuyante au point de vue; chaque ligne horizontale, tracée dans cet espace fuyant, représentera en enfoncement la longueur de 2 mètres portés sur le bord du tableau.

2ᵉ TABLEAU.

Le rapport entre la hauteur de l'horizon au-dessus de la base du tableau et la hauteur d'une figure humaine posée sur la même base étant connu, on propose de placer à différents plans, sur le terrain horizontal du même tableau, autant qu'on voudra d'autres figures humaines perspectivement égales en hauteur à la première.

Première position, figures sur un trottoir A.

Quand vous aurez placé les points d'assiette ou du pied des figures humaines que vous voudrez représenter, dessinez chaque figure en observant de faire fuir au point de vue la hauteur des figures situées à différents plans sur un trottoir A.

Deuxième position, figures sur un pavé B.

L'intervalle qui est entre l'horizon et le sommet de la tête d'une figure humaine étant connu ou apprécié par rapport à la hauteur de cette figure, on propose de placer à différents plans, sur le pavé du milieu, d'autres figures humaines perspectivement égales entre elles.

Troisième position, figures sur une terrasse C.

La hauteur d'un homme étant donnée sur un tableau, on propose de placer sur un plan horizontal élevé de quatre hauteurs d'hommes au-dessus du terrain du tableau, d'autres figures d'hommes perspectivement égales en hauteur à la première. Nous supposons que ce plan horizontal élevé au-dessus du terrain du tableau soit le sol d'une terrasse rectangulaire, vue de front; si l'on conçoit un autre plan oPQ égal et parallèle au sol de la terrasse, l'intervalle perspectif qui sépare ces deux plans étant égal à la hauteur de la figure donnée, il sera facile de poser où l'on voudra sur cette terrasse une ou plusieurs figures dont la hauteur sera perspectivement égale à la hauteur donnée.

3ᵉ TABLEAU.

Souvent un tableau est aperçu d'un point de vue fort élevé lors-qu'il y a beaucoup de choses à voir, et qu'on veut apercevoir une grande étendue de terrain ; on prend aussi quelquefois le point de vue un peu sur la droite ou sur la gauche du tableau, lorsqu'on a à représenter des objets colossals sur le premier plan du tableau : la pyramide tracée sur ce tableau a 24 mètres de base sur son plan d'un angle opposé à l'autre ; elle a aussi 24 mètres depuis le sol de sa base jusqu'à son sommet pris sur l'échelle fuyante horizon-tale, fuyant au point de vue du tableau.

4ᵉ TABLEAU.

Réflexion perspective des objets dans les eaux calmes et limpides.

Les objets qui se réfléchissent devant un miroir vertical ou glace étamée réfléchissent d'un sens opposé, c'est-à-dire que si l'objet réel qui se réfléchit regarde le midi, sa réflexion regardera le nord. La surface de l'eau calme peut être comparée à un miroir horizon-tal, puisqu'il répète les objets qui se présentent directement au-dessus de sa surface, et même ceux qui se laissent apercevoir jus-qu'à l'angle où les objets réfléchis échappent à l'œil : ainsi les objets se réfléchissant sur cette eau ou miroir plan seront réfléchis de haut en bas et, par conséquent, opposés.

1°. Le point A de l'arête verticale d'un mur se réfléchit à une distance égale de la surface de l'eau.

2°. La réflexion perspective d'une ligne *cb*, qui est en même temps parallèle à la surface réfléchissante et au tableau, doit être parallèle à cette ligne ; il est des surfaces, tels qu'en *b*, qu'on aper-çoit réfléchies sur l'eau, et qui ne sont point aperçues sur l'objet qui s'y peint. Si une ligne parallèle à cette surface ne l'est pas en même temps au tableau, cette ligne fuyante *de* et sa réflexion devront tendre ou concourir ensemble à un même point de fuite.

3°. La ligne *fg*, couchée obliquement sur la surface de l'eau, représente la direction d'un bâton *fh* ; la réflexion *f i* s'obtient en abaissant du point *h* la verticale *hgi*, et en prenant *gi* égale à *gh*.

OBSERVATIONS.

Souvent on ne peut voir réfléchir ou répéter sur l'eau calme et limpide qu'une partie des objets entièrement visibles ; un objet peut être placé à l'opposé du spectateur, assez près du bord de l'eau, sans qu'il puisse voir son image réfléchie sur cette eau, si le ri-vage ou quelque obstacle empêche un rayon de l'œil d'arriver jus-qu'à cette image. Il faut toujours supposer que la surface de l'eau s'étend indéfiniment au-dessous de chaque objet qu'on doit y ré-fléchir.

On suppose que le point *m* est la distance ou la surface de l'eau prolongée jusqu'au-dessous de la femme *o* ; l'intervalle *mn* sera l'é-paisseur de la terre qu'elle aura sous les pieds jusqu'au prolonge-ment de la surface de l'eau : ainsi abaissez une verticale indéfinie du milieu du front de la femme, et prenant l'intervalle *mo*, portez-le au-dessous en *mo'*, et vous aurez le sommet de la tête de la femme réfléchie au point *o'*, et le bord du rivage vous cachera la portion de la figure qui ne doit point être vue. La figure que nous venons d'expliquer fournit le même résultat que celui que nous avons donné pour l'extrémité d'un bâton, en observant que le point b réfléchi se trouve au-dessus de la surface de l'eau, et que la figure o est placée sur un terrain élevé et à une certaine distance du bord de l'eau.

Déterminer dans un tableau, sur une eau calme, la réflexion perspective d'un point P, donné dans l'espace à une distance infinie.

Puisque le point donné P est à une distance infinie, tel serait un astre, il faut supposer la surface de l'eau étendue jusqu'à l'horizon, abaisser du point P donné une perpendiculaire à l'horizon qui le coupe au point s, prolonger cette ligne Ps au-dessous de l'horizon d'une quantité égale à celle qui est au-dessus, c'est-à-dire faire sp égale à sP; l'extrémité p sera la réflexion du point P donné dans l'espace.

FIN DE LA CINQUIÈME PARTIE.

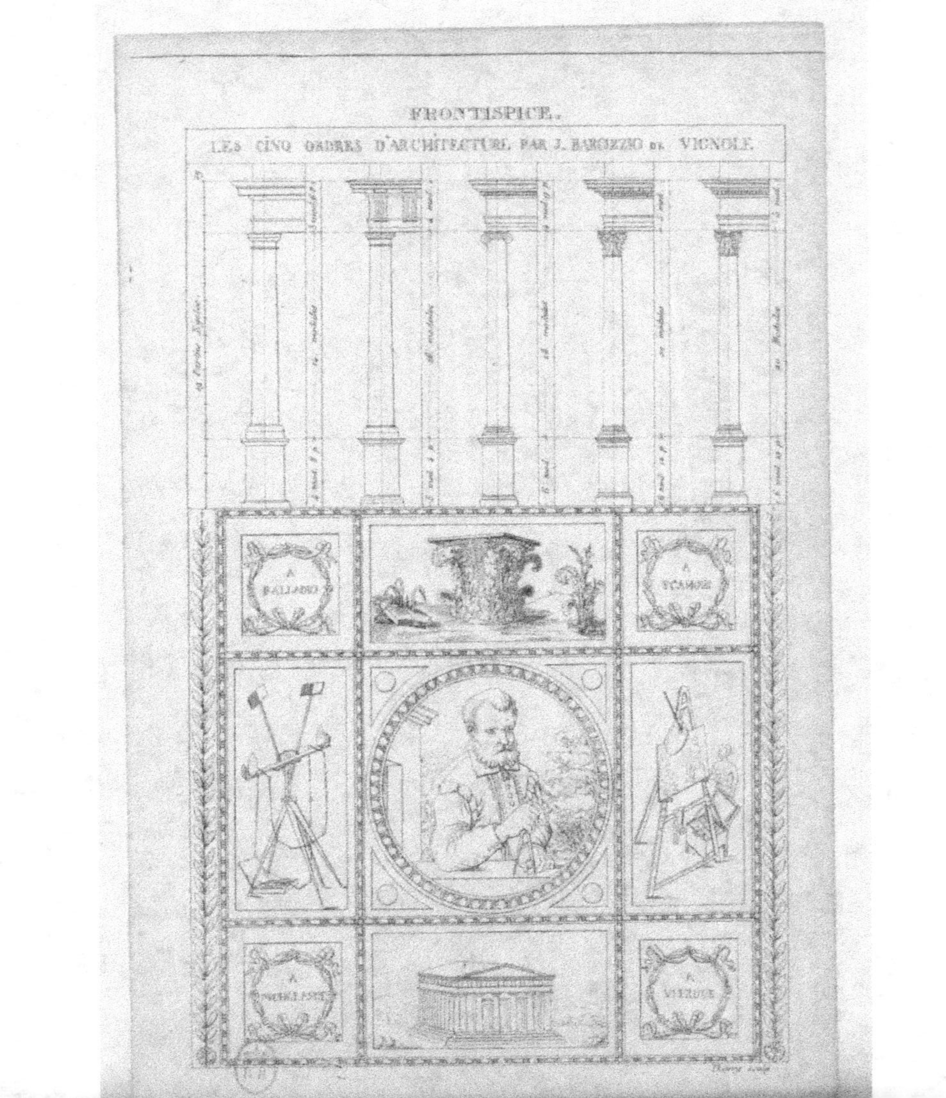

FRONTISPICE.
LES CINQ ORDRES D'ARCHITECTURE, PAR J. BAROZZIO DE VIGNOLE.

SIXIÈME PARTIE

DES CINQ ORDRES D'ARCHITECTURE.

Historique sur les premières retraites des hommes, et sur les nécessités qui firent naître dans l'esprit de l'homme le génie de l'architecture.

Le premier besoin de l'homme, après avoir satisfait son appétit, fut celui de trouver un abri contre l'intempérie des saisons et contre l'accès des animaux féroces avec lesquels il fut forcé de lutter pour se disputer des retraites, tels que des rochers avancés ou de vieux arbres creux ; mais la nécessité de se défendre et de se séparer d'eux lui fit bientôt naître l'intelligence et développa son génie : il commença à déraciner des arbres, à les joindre par de fortes branches, et à les lier ensemble avec de souples écorces ; il couvrit cette première habitation de branches et d'épais feuillages ; ensuite le caillou rangé et tenu par de la terre grasse, et un couvert en chaume, lui firent une plus sûre et meilleure retraite ; ensuite il trouva des roches ou grés dont il détacha de forts morceaux, il construisit des digues pour maintenir ou détourner des ravins ; puis, en creusant la terre, il trouva la pierre, la chaux et l'argile dont il forma des briques et des tuiles durcies par le feu ; enfin la pierre à plâtre, la chaux et le sable furent employés. Le génie de l'architecture ne s'est déployé que successivement, suivant les besoins et en raison de ce que l'homme entra dans la civilisation : ainsi son génie s'employa à des habitations particulières, pour des travaux de clôture, des ponts en bois, et les premiers autels élevés à l'Être Suprême ne furent que plusieurs pierres jointes ensemble. Mais notre but n'est pas de parler sur l'art de bâtir ni sur la distribution des plans de maisons ni de ceux des édifices, sans nous écarter du but de l'ouvrage que nous offrons pour l'instruction des élèves et des ouvriers, lequel doit être étudié avant la distribution des plans, puisque nous ne traitons ici que du dessin linéaire ; comme les ordres d'architecture en font partie, et que les ordres ne sont souvent aux maisons qu'un objet de décoration ou d'ornement, bien que, dans les temples ou autres édifices publics, ils en constituent la principale solidité, ils doivent toujours être assujettis et employés en harmonie avec la composition d'un plan, qui est le premier travail à faire en fait d'architecture. Ce plan est le résultat de conceptions d'une ou de plusieurs personnes dont les idées peuvent être réunies, mais qu'on ne peut exécuter sans un plan arrêté sur le papier, et qui ne peut être tracé sans avoir fait les études du dessin linéaire dont nous exposons ici les six parties, et qui donne aussi l'instruction nécessaire à la construction des escaliers, voûtes, dômes, planchers et toitures, et tous les détails que contiennent une maison ou un monument : ainsi, l'étude de l'art du dessin linéaire est, comme nous l'avons déjà dit, utile à tout corps d'état qui se rattache au bâtiment, et même à ceux qui font et fabriquent des objets de goût, tels que les serruriers, menuisiers, ébénistes, fabricants de bronze, tapissiers, orfèvres, etc.

Nous ne donnons point ici la manière de dessiner les ordres, parce que les cinq parties du dessin qui les précèdent doivent avoir assez instruit pour les dessiner sans peine ; nous allons seulement faire connaître leurs dénominations, leurs proportions respectives, et les divisions et gradations qui les mettent en rapport et en harmonie entre eux.

Dénomination et rapport que les ordres ont entre eux.

Les cinq ordres d'architecture sont : le *Toscan*, le *Dorique*, l'*Ionique*, le *Corinthien* et le *Composite*.

Un ordre entier doit avoir trois parties principales : le *piédestal*, la *colonne* et l'*entablement* ; ces trois parties principales des ordres se composent des moulures rondes et carrées, qu'on nomme *filet*, *listel*, *quart de rond*, *cavet*, *congé*, *baguette*, *talon*, *doucine* ou *talon renversé*, etc. : ces différents membres, ajustés et variés ensemble, forment des entablements, chapiteaux et bases ; ainsi le piédestal se forme de trois parties : la *base*, le *dé* ou *carré du*

piédestal, et la *corniche* ; la colonne est formée aussi de trois parties : la *base*, le *fût* ou *partie cylindrique*, et le *chapiteau* ; l'entablement a de même trois membres principaux : l'*architrave*, la *frise* et la *corniche*.

Le *frontispice* représente les cinq ordres assujettis à une même hauteur, où l'on y voit l'accord de leurs proportions respectives, qui se trouvent, en divisant une hauteur donnée en dix-neuf parties égales, dont on en prend quatre pour la hauteur du piédestal, douze pour la colonne, compris base et chapiteau, et enfin trois pour la hauteur de l'entablement, ce qui fait dix-neuf parties en tout ; d'où il résulte que le piédestal sera le tiers de la hauteur de la colonne, et l'entablement le quart : cela ne donne que les trois masses principales des ordres ; mais, pour en tracer les détails, il faudra établir une échelle de modules pour chaque ordre, qui se trouvera, en divisant l'espace de la hauteur de chaque colonne, y compris la base et le chapiteau, en un nombre déterminé de parties égales pour chacun des ordres ; ce qui servira aussi à en déterminer les grosseurs, savoir : pour l'ordre toscan, en divisera la hauteur de la colonne en quatorze parties, et l'une de ces parties sera le module que l'on subdivisera en douze petites parties égales qu'on nomme *minutes*, pour pouvoir prendre les parties très-petites des moulures. Pour l'ordre dorique, on divisera en seize parties cet espace, dont le seizième sera le module, et dont on en portera deux pour la grosseur de la colonne, ce qui rendra cette colonne d'une proportion plus svelte que la précédente, ayant pour grosseur ou diamètre le huitième de sa hauteur, tandis que la grosseur de celle toscane a pour diamètre le septième de sa

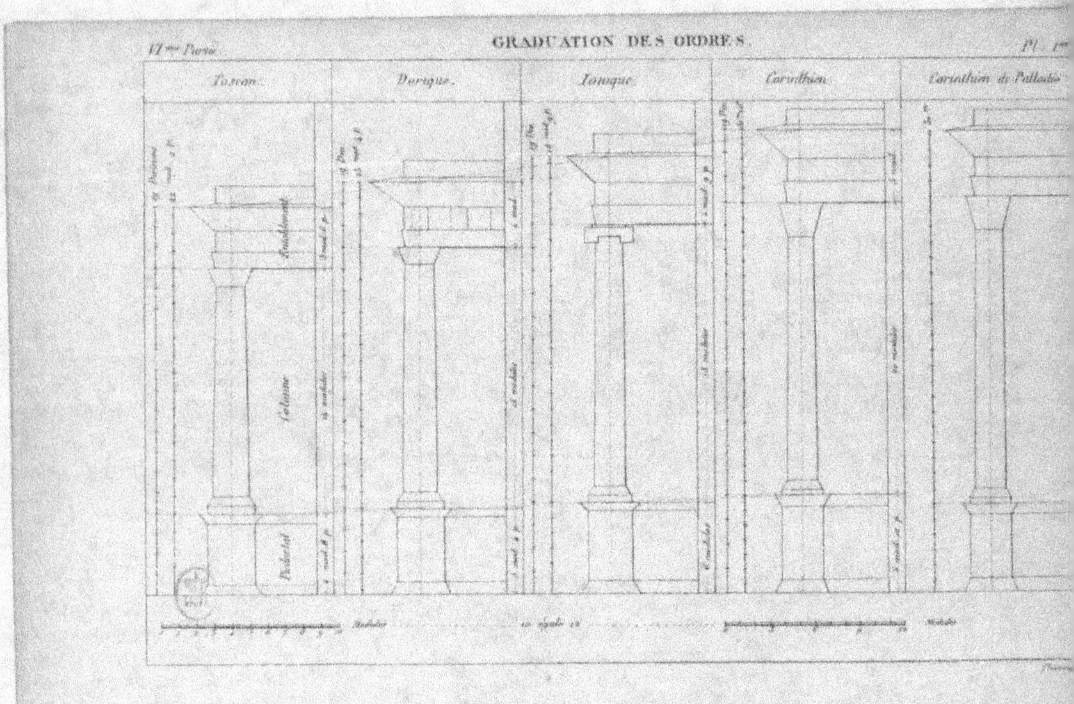
Toscan.
Dorique.
Ionique.
Corinthien.
Corinthien de Palladio.

hauteur ou deux modules. Pour l'ordre ionique, on divisera la hauteur de la colonne en dix-huit, et sa grosseur sera de deux modules ou le neuvième de sa hauteur; le module sur l'échelle sera subdivisé en dix-huit, afin d'avoir des parties plus petites, attendu que les moulures sont plus délicates que sur les ordres précédents. La colonne corinthienne sera plus svelte encore que les colonnes dorique et ionique; sa hauteur sera divisée en vingt, et sa grosseur sera de deux modules ou le dixième de sa hauteur; le module se subdivise en dix-huit parties appelées *minutes*.

Planche 1re.

Manière de graduer les ordres pour que les axes des colonnes se correspondent, lorsqu'on voudra les exécuter l'un au-dessus de l'autre, comme on le voit sur les portiques et entre-colonnements, *Pl.* II.

Pour exécuter cette graduation des ordres, on commencera par déterminer la hauteur de l'ordre toscan, comme nous l'avons indiqué sur la planche du frontispice, en portant dix-neuf parties égales, et en déterminant l'échelle sur la hauteur de la colonne, y compris base et chapiteau, en la divisant en quatorze parties, dont on en prendra dix pour l'échelle; puis, d'après cette échelle, on établira celle de l'ordre corinthien, qui est le plus élevé : on prendra donc la longueur des dix modules sur l'échelle de l'ordre toscan, et on en formera une de douze pour établir l'ordre corinthien; ainsi on prendra d'abord sur cette échelle six modules, douze parties pour la hauteur du piédestal, puis on portera au-dessus vingt modules pour la hauteur de la colonne, y compris base et chapiteau; ensuite cinq modules au-dessus pour la hauteur de l'entablement, et l'on aura l'élévation de l'ordre entier; enfin à cette extrémité, partant de l'axe de la colonne, on tracera une ligne oblique par le point correspondant à la hauteur et à l'axe de l'ordre toscan, et, en déterminant les axes des deux autres ordres intermédiaires, leur hauteur sera fixée à leur rencontre sur l'oblique que nous venons de tracer; on divisera chacune en dix-neuf parties égales, et, d'après la hauteur de chaque colonne, on établira leur échelle particulière comme nous l'avons fait précédemment. Nous donnons pour le cinquième ordre le corinthien de Palladio, pour ne pas faire l'ordre composite, qui a les mêmes proportions que le corinthien de Vignole; cet ordre se divise en trente modules, et par cette division donne la colonne d'un diamètre plus fort, et le piédestal et l'entablement d'une proportion moins élevée, ce qui convient quelquefois mieux.

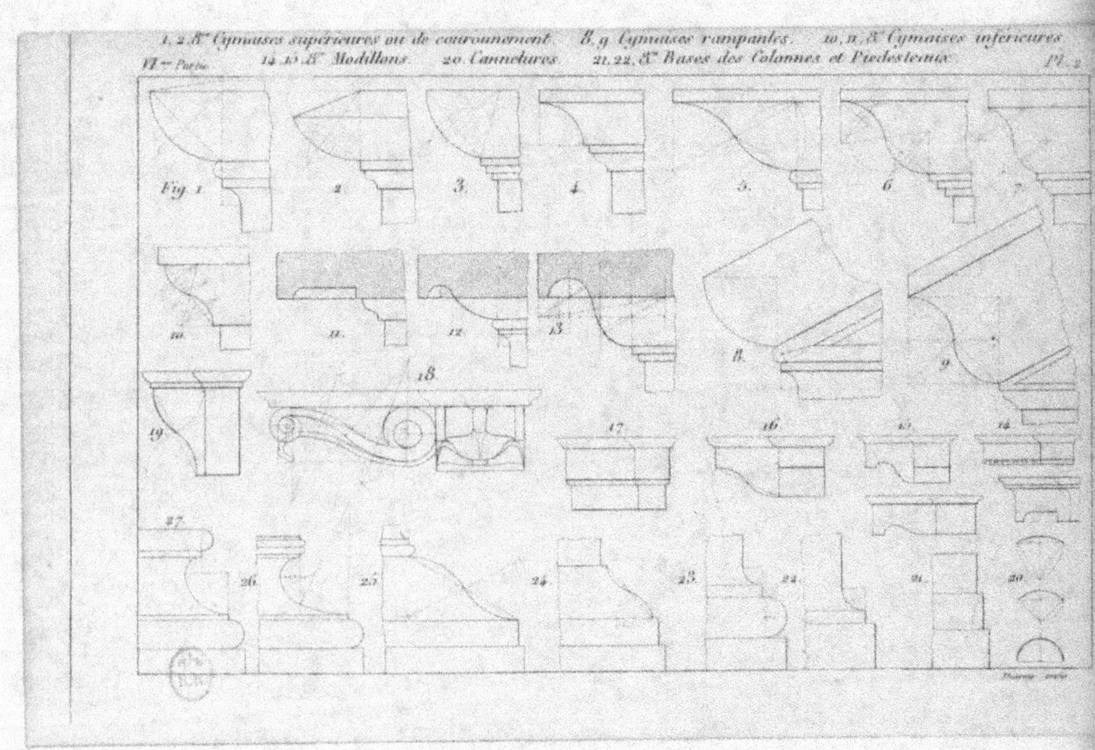

1. 2.&c. Cymaises supérieures ou de couronnement. 8. 9. Cymaises rampantes. 10. 11.&c. Cymaises inférieures
VI.me Partie. 14. 15.&c. Modillons. 20. Cannelures. 21. 22.&c. Bases des Colonnes et Piedestaux. Pl. 2

Planche 2.

Nous avons dit que l'architecture avait pour principe fondamental la géométrie plane et celle des corps solides : ainsi le tracé du dessin des ordres est le résultat des lignes horizontales, verticales, obliques, cercles, portions de cercles, sections ou croisements d'arcs de cercles, etc.

Les entablements, les corniches, les bases sont composés de grandes et petites moulures : on nomme grandes moulures les doucines ou cymaises, les quarts de rond, les talons, les cavets, et, pour les bases des colonnes et des piédestaux, les tores et les scoties ; les petites sont les filets de couronnement, filets simples, réglets, les listels ou listeaux. Les petites moulures servent à faire valoir les grandes et à leur donner du relief ; souvent le quart de rond, le talon et le cavet deviennent aussi de petites moulures, comme on le voit entre les faces des impostes et archivoltes, et même aux chambranles des portes et croisées. On nomme astragale l'assemblage de plusieurs moulures, tels que baguette, filet et congé ; l'assemblage de ces trois moulures, ajustées et placées avec goût et discernement, mais assujetties à des règles déterminées par les masses des édifices, produit un fort bon effet.

Un entablement est presque toujours composé de trois parties principales : de la corniche, de la frise et de l'architrave ; quelquefois cependant on supprime cette dernière partie de l'entablement pour avoir moins de lourdeur. La corniche s'emploie fort souvent seule, lorsque ce n'est que pour couronner un bâtiment : les corniches sont simples ou composées, quelques-unes sont formées de peu de moulures ; mais il doit toujours y avoir trois parties distinctes qui la forment : savoir, cymaise supérieure, larmier et cymaise inférieure.

Les corniches sont plus ou moins composées : après la corniche simple vient la corniche denticulaire. Les denticules se placent sous le larmier, lorsqu'il n'y a point deux cymaises inférieures ; on en fait de mutulaires ou modillonnaires : les modillons se placent sous le larmier ; il n'y a alors qu'une seule cymaise inférieure. Dans les corniches complètes on place des modillons et des denticules ; alors il y a aussi deux cymaises inférieures : une au-dessous des modillons, et une au-dessous des denticules. Le modillon est une pièce qui s'avance sous le plafond d'une corniche dont il fait l'ornement, et cela d'autant mieux qu'il présente l'effet naturel de supporter ; il présente aussi, dans les temples des anciens, l'apparence des bouts de pièces de bois qui servent à former le plafond et le comble de l'édifice.

Il y a aussi, en architecture, des consoles, mais qui ne font pas partie des moulures. La console est un ornement en saillie destiné à supporter, comme le modillon, qui en a la forme plus allongée et qui ne se place que dans un sens vertical, afin de supporter par son extrémité la corniche d'une porte ou croisée, comme on peut le voir sur la *Pl.* 9, *fig.* 2. On les emploie aussi dans la frise d'un entablement, lorsqu'il est fort élevé et qu'on veut produire de l'effet. Le deuxième membre de la corniche, qui est le larmier, est une partie lisse verticale qui coopère beaucoup à l'effet qu'on veut donner à l'entablement, en baissant ou en élevant sa hauteur. Si l'on fait dominer le larmier, l'entablement aura un caractère plus ferme et plus sévère; si, au contraire, le larmier ne domine que peu, la corniche sera plus légère.

On remarquera aussi que la saillie d'une corniche est presque toujours égale à sa hauteur; c'est la meilleure proportion.

Observation sur le dessin de l'architecture.

C'est toujours sur des échelles ou divisions de parties égales, qu'on nomme modules, qu'on exécute un dessin d'architecture; ce module se subdivise en d'autres petites parties qu'on nomme minutes, et que l'on fait d'autant plus petites que la finesse des moulures l'exige.

Nous dirons aussi que la beauté et la fraîcheur d'un dessin dépendent de la précision avec laquelle il est exécuté; cela s'acquiert par l'exercice qu'on en fait, et aussi par la manière dont on porte les mesures, qui doivent toujours être portées par grandes masses; et si l'on a de plus petites mesures à porter, on les ajoutera toujours aux plus grandes, en observant un même point de départ pour porter ses mesures: par ce moyen on obtiendra de la justesse dans les dessins. Nous invitons aussi les élèves et les praticiens à faire leurs dessins beaucoup plus grands que les modèles, pour que les détails en soient plus purs et l'exécution plus facile.

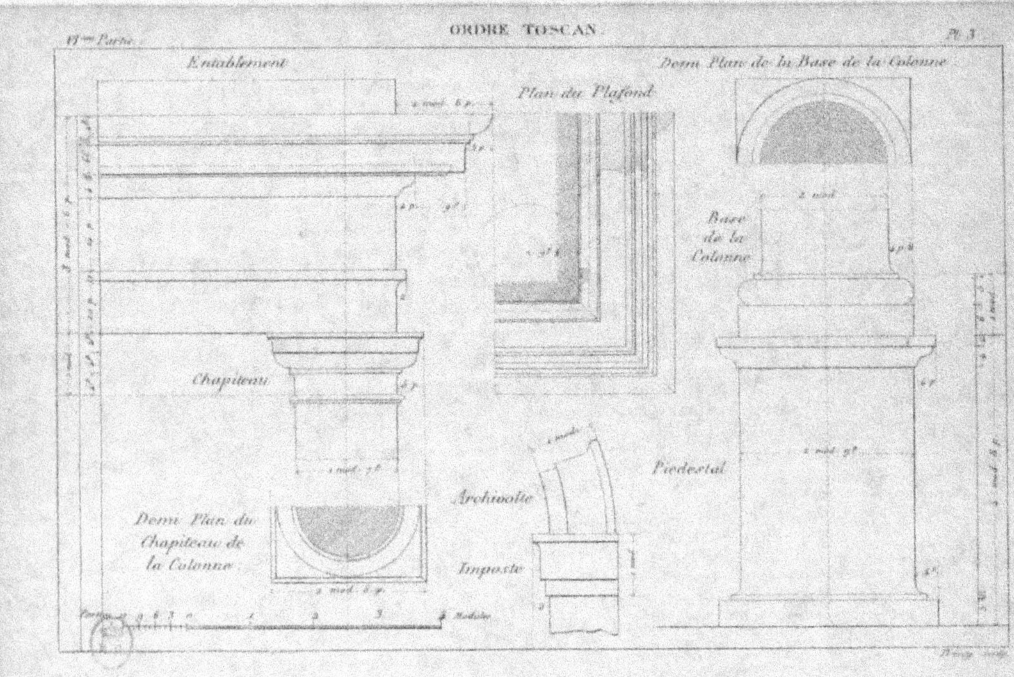

ORDRE TOSCAN
VI.me Partie.
Pl. 3.
Entablement
Plan du Plafond
Demi Plan de la Base de la Colonne
Base de la Colonne
Chapiteau
Piedestal
Demi Plan du Chapiteau de la Colonne
Archivolte
Imposte
Modules

Planche 3.

DE L'ORIGINE DES ORDRES ET DU CARACTÈRE QUI LES DISTINGUE.

Ordre Toscan.

Le *Toscan* se connaît par la simplicité de ses moulures.

Cet ordre doit son origine à des anciens peuples de Lydie, venus d'Asie en Italie pour peupler la Toscane. Tous les membres de cet ordre portent un caractère de rusticité. La hauteur de la colonne a sept fois son diamètre, c'est-à-dire *quatorze modules*, y compris la base et le chapiteau, qui ont chacun un module; le tiers sera la hauteur du piédestal qui est de quatre modules, huit parties; et le quart, celle de l'entablement, qui est de trois modules, six parties. Ainsi, toute la hauteur de la façade, ou, si l'on veut, de l'ordonnance, se trouve de vingt-deux modules, deux parties. Il faut se rappeler que le module, dans cet ordre, doit être divisé en douze parties égales, et que ce sont ces parties qui doivent servir à déterminer les proportions des moulures.

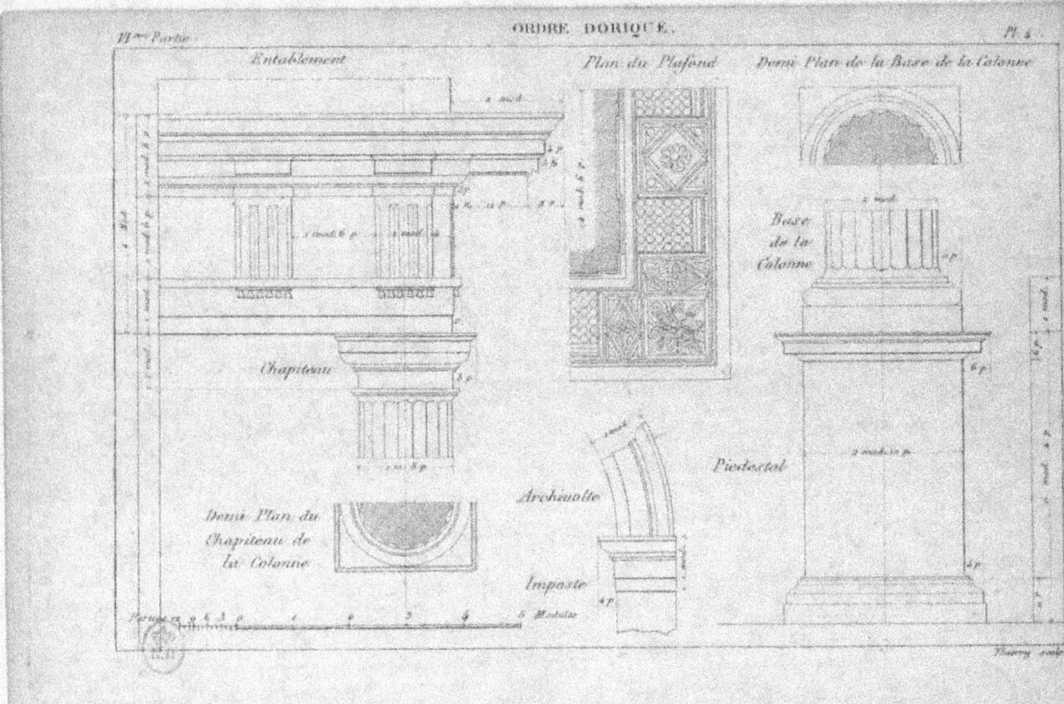
VI.me Partie
Entablement
Plan du Plafond
Demi Plan de la Base de la Colonne
Base de la Colonne
Chapiteau
Demi Plan du Chapiteau de la Colonne
Archivolte
Imposte
Piedestal
Echelle de 0 1 2 3 4 5 Modules
Thierry sculp.

Planche 4.

Ordre Dorique.

Le *Dorique* se connaît par les triglyphes qui ornent la frise de son entablement.

L'ordre Dorique porte avec lui un caractère viril; c'est l'ordre par excellence, c'est celui des héros.

Le bout des solives posées de champ pour former le plafond des premiers édifices est représenté par les triglyphes, dont l'intervalle de l'un à l'autre, figuré par les métopes, formait un carré parfait. Le bout de ces solives coupées et mises en place presqu'en même temps, rendait une eau qui formait des écoulements représentés par les canaux de ces triglyphes, et qui se répandait à l'extrémité goutte à goutte, ce que figurent encore les gouttes au-dessous de ces mêmes triglyphes.

L'ordre Dorique est de deux sortes : l'un appelé mutulaire, et l'autre denticulaire. Le premier est tiré des antiquités romaines; il est orné de mutules, espèces de larmiers saillants qui servent de couronnement aux triglyphes. La frise comprend les triglyphes d'un module de largeur, subdivisés de demi-canaux et de canaux entiers: ils doivent être placés à plomb des colonnes, et être éloignés l'un de l'autre d'un intervalle appelé *métope*, égal à la hauteur de la frise. Le fût de la colonne est quelquefois orné de cannelures ou portions cylindriques creusées dans sa masse au nombre de vingt, se touchant l'une l'autre et formant vives arêtes.

L'ordre Dorique appelé denticulaire, parce que sa corniche est ornée de denticules, est tiré du théâtre Marcellus à Rome; il diffère du précédent par son architrave, qui n'a qu'une seule platebande, et par sa corniche, dont la cymaise inférieure porte un talon au lieu de quart de rond; le premier larmier des denticules et la cymaise supérieure portent un cavet au lieu de doucine.

Le chapiteau denticulaire diffère du mutulaire par les trois filets égaux qui couronnent le gorgerin.

La hauteur de toute la colonne est de *seize modules*, y compris la base et le chapiteau, qui ont chacun un module, dont il y a un tiers, c'est-à-dire cinq modules, quatre parties, pour le piédestal; et un quart pour la hauteur de l'entablement, qui sera, par conséquent, de quatre modules.

Le module est divisé en douze parties, comme pour l'ordre Toscan.

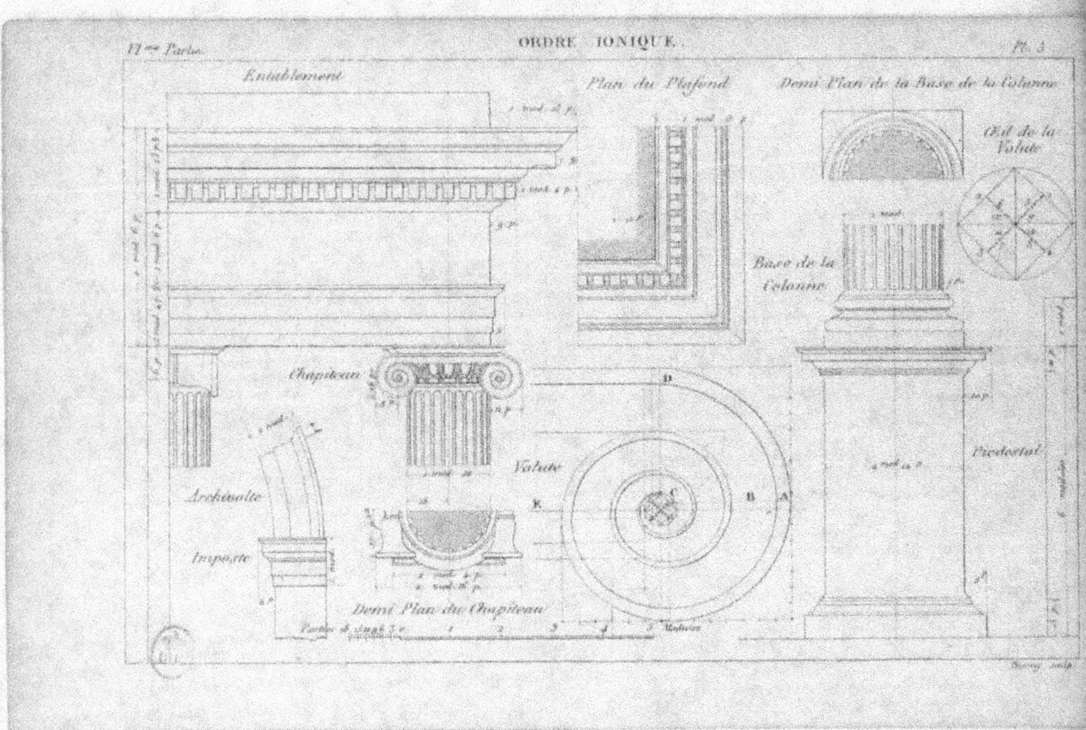
Entablement
Plan du Plafond
Demi Plan de la Base de la Colonne
Œil de la Volute
Base de la Colonne
Chapiteau
Archivolte
Imposte
Volute
Piedestal
Demi Plan du Chapiteau
D
C
E
B
A

Planche 5.

Ordre Ionique.

L'*Ionique* se connaît par les volutes de son chapiteau.

Cet ordre est ainsi nommé d'*Ion*, chef d'une colonie envoyée en Asie par les Athéniens, qui fit élever à Éphèse, l'une des treize grandes villes de Carie, trois temples de cet ordre, l'un à Diane, un à Apollon, et l'autre à Bacchus. On l'appelle moyen, comme intermédiaire entre le Dorique et le Corinthien. Il est tiré des Thermes de Dioclétien.

Les volutes de son chapiteau prirent naissance d'une écorce que l'on plaçait quelquefois entre l'extrémité supérieure de l'arbre et la toile qui le couvrait pour le préserver de sa fraîcheur, et qui par la suite se tournait en forme de spirale ou volute.

Selon d'autres, le chapiteau fut composé à l'imitation des cheveux des femmes grecques, dont les boucles se tournaient en volute, ce qui leur fit dédier cet ordre.

La colonne ionique a pour hauteur totale *dix-huit modules* : la hauteur de sa base est d'un module, celle de son chapiteau est de douze parties, non compris la pente des volutes ; la hauteur du fût de la colonne est de seize modules, six parties.

La hauteur du piédestal est de six modules.

Le module est divisé en dix-huit parties.

Tracé de la volute ionique (même planche).

Après avoir tracé les moulures du chapiteau, on établira l'œil de la volute sur l'horizontale E, à la rencontre de la verticale D ; puis on décrira de ce centre un cercle d'une partie ou $\frac{1}{4}$ de module de rayon, dont la surface se nomme cathète et donne la diagonale d'un carré dont on partagera les côtés en deux parties égales. On tirera par ces points de subdivisions les axes 1, 3, et 2, 4, qui seront divisés chacun en six parties égales : chacun de ces points sera un centre qui doit servir à décrire le trait extérieur de la volute. En mettant la pointe du compas sur le point 1, on tracera, avec une ouverture qui s'étendra jusqu'en D, le quart de cercle DA. On se reportera au point 2, et ainsi de suite, suivant l'indication de l'œil en grand de la volute.

Pour avoir les centres du trait intérieur de la volute, on divisera en quatre parties les divisions qui ont servi au premier trait. La première subdivision au-dessous de chacun des premiers points servira de centre à l'intérieur du listel. La hauteur totale de la volute est de seize parties du module, dont neuf au-dessus de l'horizontale E, et sept au-dessous.

Sa largeur est de quatorze parties du module, dont six à gauche de la verticale D, et huit à droite.

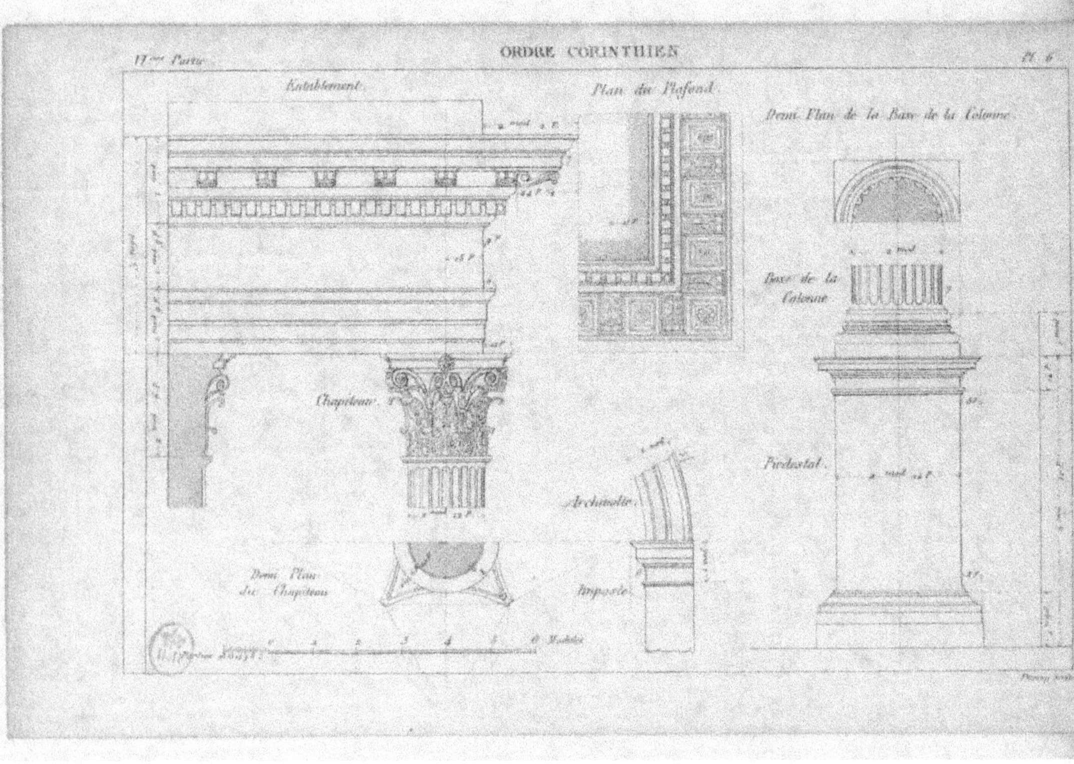
Entablement.
Plan du Plafond.
Demi Plan de la Base de la Colonne.
Base de la Colonne.
Chapiteau.
Piedestal.
Archivolte.
Imposte.
Demi Plan du Chapiteau.
Modules.

Planche 6.

Ordre Corinthien.

Le *Corinthien* se connaît par les feuilles de son chapiteau.

L'ordre corinthien porte avec lui un caractère de délicatesse et d'élégance; toutes ses parties sont susceptibles de la plus grande richesse; sa colonne a de hauteur dix fois son diamètre.

Vitruve rapporte qu'une jeune fille de Corinthe étant morte à la veille de se marier, sa nourrice plaça sur son tombeau une corbeille remplie de petits vases, et autres bijoux qu'elle avait aimés pendant sa vie, et la couvrit d'une tuile pour les préserver des injures de l'air. Il arriva qu'au printemps, lorsque les feuilles commencèrent à pousser, la corbeille se trouva environnée des feuilles d'une plante d'acanthe sur laquelle elle avait été posée par hasard : ces feuilles, rencontrant la tuile, s'étaient recourbées par leurs extrémités. Gallimaque, sculpteur, passant près de là, vit la corbeille et les feuilles qui l'environnaient : il en fit un dessin qu'il imita avec art sur les colonnes qu'il fit élever à Corinthe.

Vignole donne vingt modules de hauteur à la colonne de l'ordre corinthien, en y comprenant sa base et son chapiteau; il divise encore le module en dix-huit parties comme dans l'ordre précédent, et suit à peu près les mêmes proportions pour l'entablement et le piédestal, c'est-à-dire qu'il donne à l'entablement cinq modules de hauteur, et six modules, douze parties, au piédestal.

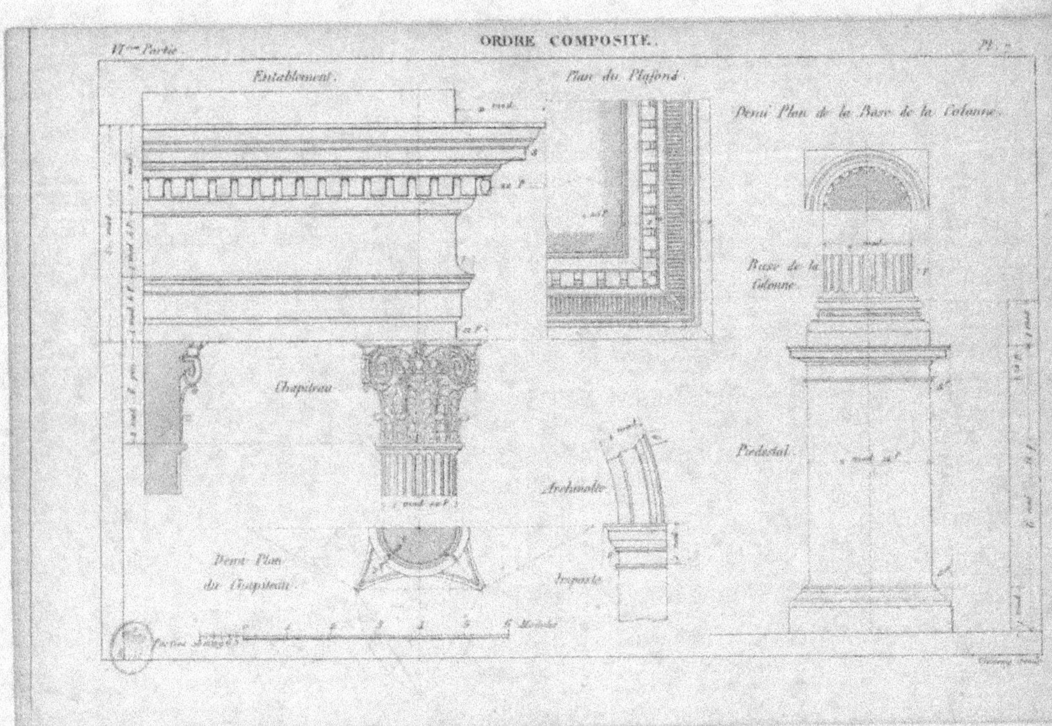

ORDRE COMPOSITE.
Entablement.
Plan du Plafond.
Demi Plan de la Base de la Colonne.
Base de la Colonne.
Chapiteau.
Archivolte.
Piedestal.
Demi Plan du Chapiteau.
Imposte.

Planche 7.

Ordre Composite.

Le *Composite* se connaît par les feuilles du corinthien réunies aux volutes de l'Ionique qui ornent son chapiteau.

L'ordre Composite, ainsi appelé parce qu'en effet il est composé des deux précédents, est d'une élégance moyenne entre eux ; aussi tous les membres analogues à son caractère participent-ils de la simplicité de l'ordre Ionique et de la délicatesse du Corinthien.

Cet ordre fut composé par les Romains lorsqu'ils élevèrent un arc de triomphe en l'honneur de l'empereur Titus, après la conquête de Jérusalem.

Vignole ne met point de différence entre les mesures générales de cet ordre et celles du Corinthien.

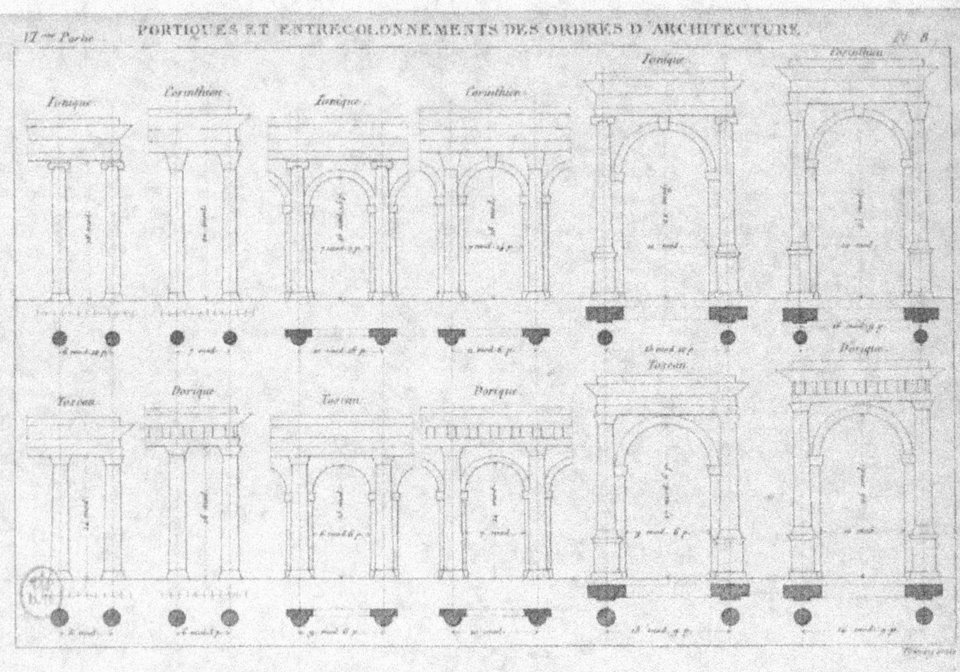
Ionique.
Corinthien.
Ionique.
Corinthien.
Ionique.
Corinthien.
Toscan.
Dorique.
Toscan.
Dorique.
Toscan.
Dorique.

Planche 8.

Entre-colonnements et portiques des ordres d'architecture.

Cette planche offre pour chaque ordre les distances qui doivent être gardées entre les axes des colonnes, des entre-colonnements et portiques tant en plan qu'en élévation. Les échelles des quatre ordres, tracées sur cette planche, seront établies suivant les indications données, *Pl. 1re*.

Quoique l'espacement des colonnes ait été réglé de cette manière par Vignole, nous pensons que plus les colonnes sont massives et plus elles doivent être espacées, plus elles sont élégantes et plus elles doivent être serrées; le moindre espacement qu'on ait donné dans l'antiquité est de trois modules ou deux diamètres et demi pour l'ordre Corinthien, tandis que l'espacement du Toscan pourrait être de huit modules d'axe en axe, ou trois diamètres d'entre-colonnement. Les ordres intermédiaires auront un espacement relatif. Lorsque les colonnes ou pieds-droits sont éloignés les uns des autres, on les réunit par des arcs ou arcades, au lieu de les relier par des plates-bandes.

Les règles précédentes ne sont point si générales qu'on ne puisse quelquefois s'en écarter, parce que les entablements des ordres obligent à certaines sujétions, auxquelles il faut avoir égard absolument pour régler les entre-colonnes. Il n'y a que l'ordre *Toscan* qui peut s'exécuter sans aucune difficulté, parce qu'on n'est pas gêné par les triglyphes, les denticules, ni les modillons; car il suffit pour cet ordre que l'entablement soit solidement établi, et n'ait pas trop de portée.

Il n'en est pas de même pour l'ordre *Dorique*, qui est le plus difficile de tous à mettre en œuvre, parce que la distance des colonnes est déterminée par les espaces des triglyphes et des métopes; car entre deux colonnes il ne peut y avoir que depuis un triglyphe jusqu'à cinq, prenant garde qu'on ne compte que ceux qui portent sur le vide, et non pas ceux qui sont aplomb sur les colonnes.

A l'égard des ordres *Ionique*, *Corinthien* et *Composite*, la sujétion n'en est pas si grande pour régler les entre-colonnes, car il ne s'agit que d'avoir égard à la distribution des modillons et des denticules, mais principalement des modillons, parce qu'on doit observer pour règle constante, qu'il doit toujours y en avoir un qui réponde au milieu de chaque colonne.

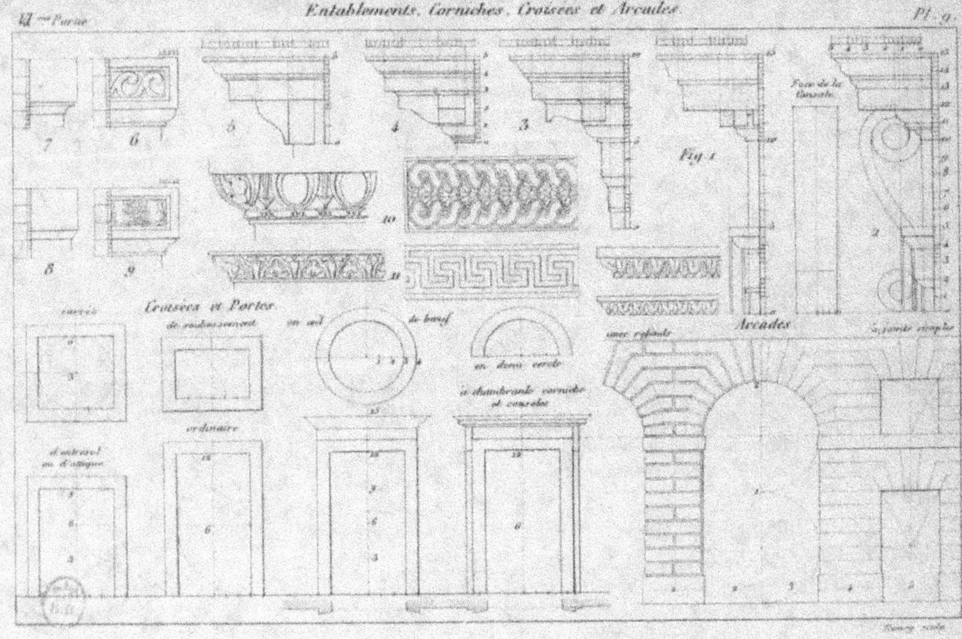
Fig. 1.
Face de la Console.
Croisées et Portes.
de soubassement
en œil de bœuf
en plein cintre
à chambranle, corniche et consoles
ordinaire
cintré
d'entresol ou d'attique
Arcades
a grette recreuse
avec refends

Planche 9.

Nous avons dit, par observation, page 104, que c'était par des échelles de parties égales et par d'autres subdivisions plus petites qu'on parvenait à établir et connaître les proportions respectives des masses et des détails des ordres d'architecture; mais on peut se servir aussi de ces divisions ou échelles en les portant sur une hauteur et une largeur déterminées, pour chercher à établir des proportions variées d'entablements, corniches, balustres, ainsi que pour établir les proportions relatives des baies ou croisées, portes et arcades, etc. Nous en donnons les exemples sur cette planche et sur la suivante.

FIGURES 1ʳᵉ, 2, 3, 4, 5, 6, 7, 8 et 9.

Les deux entablements propres à l'ornement des portes et des croisées sont divisés en trois parties égales, dont on voit la masse: les portes avec consoles et sans consoles, *fig.* 1ʳᵉ; les consoles diminuent par en bas sur la face, comme il est indiqué *fig.* 2. Ces corniches et architraves sont divisées en parties égales, chacune dans leur hauteur, et d'un même nombre pour la saillie des corniches, dont les subdivisions par quatre donnent les hauteurs et les saillies des membres qui les composent; la *fig.* 3 est une corniche dite architravée, parce qu'on a substitué à la frise une architrave: ces sortes de corniches peuvent aussi servir à décorer les portes et les croisées. Les deux autres, *fig.* 4 et 5, sont simplement des cor-

niches de couronnement; les *fig.* 6, 7, 8, 9 offrent des plinthes ou bandeaux propres à recevoir des arcs ou à couronner des soubassements sans interruption; ils peuvent être simples ou ornés.

FIG. 10 et 11. — *Du soffite.*

Le soffite est un espace lisse en plafond, qui se trouve être placé entre deux colonnes ou pilastres et une autre qui est aussi nommée plate-bande, susceptible d'être ornée de différentes manières par des objets qui peuvent y être sculptés.

La *fig.* 11 représente une frise ou dessin grec, formé par des petits carrés parfaits; on peut varier ce dessin de différentes manières, et il produit un fort bon effet lorsqu'il est employé à propos. On l'emploie aussi à orner les soffites, les arcs doubleaux, etc.

Des croisées.

La première croisée est un demi-cintre; on emploie souvent cette forme pour des magasins, écuries, ou toutes autres pièces dans lesquelles les jours du bas sont inutiles; la seconde est un cercle parfait et se nomme œil-de-bœuf: elle est propre aux entre-sols, ainsi que la quatrième, qui est de forme carrée; celle qui la précède, qui est plus large que haute, est propre aux jours que l'on tire pour les soubassements; la cinquième n'a en hauteur qu'une fois et demie sa largeur: elle sert à éclairer les entre-sols et les attiques; et la sixième a de hauteur deux fois sa largeur. Les chambranles de toutes ces croisées ont un sixième de la largeur de leurs baies; les deux portes suivantes ont aussi, de hauteur, deux fois leur largeur; la corniche, la frise et le chambranle de ces croisées ont ensemble le quart de la hauteur de la baie.

Des arcades.

Lorsque des arcades se suivent, elles sont formées de pieds-droits égaux; on leur donne assez ordinairement pour ouverture la moitié de la hauteur de l'arcade sous clef. Si, au contraire, les arcades sont séparées par des parties de mur assez larges, on pourra faire des ouvertures de portes ou croisées carrées ou en œil-de-bœuf, y correspondant dans l'espace au-dessus de l'imposte à la hauteur et au niveau de l'arc, pour des jours d'entre-sols.

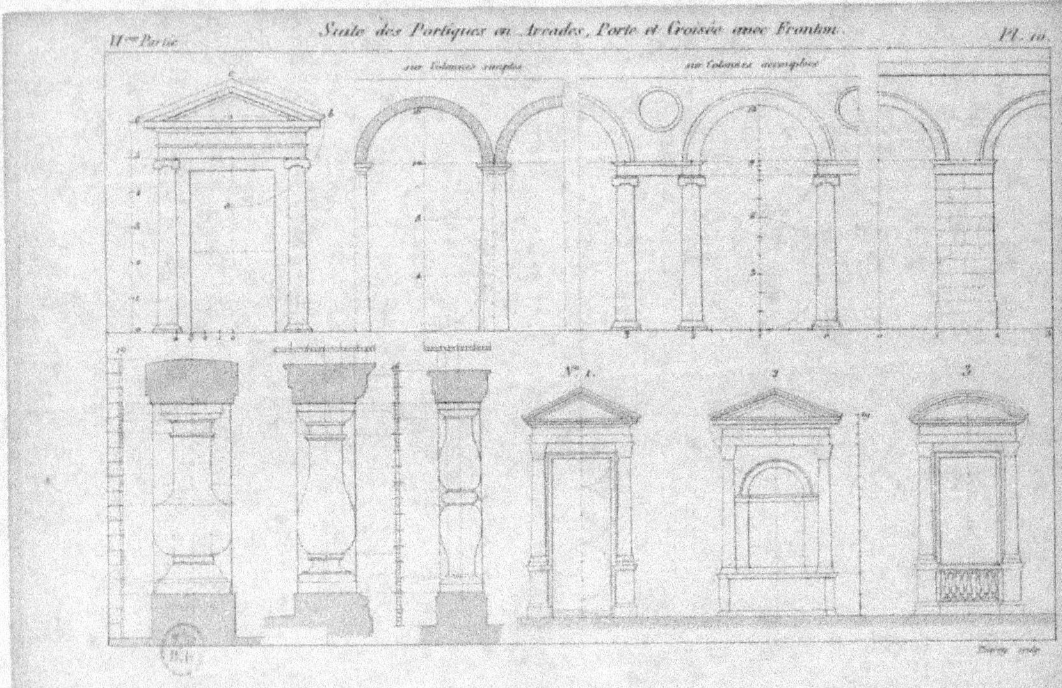

VI.me Partie
Suite des Portiques ou Arcades, Porte et Croisée avec Fronton.
Pl. 10.
sur Colonnes simples
sur Colonnes accouplées
N.° 1.

Planche 10.

Suite des portiques en arcades, portes et croisées avec frontons.

Porte décorée d'un portique dont les colonnes sont d'ordre ionique, l'entablement est couronné d'un fronton ; on établira d'abord la baie qui aura deux fois sa largeur pour hauteur ; on divisera la demi-ouverture de la baie ou porte en trois parties égales, on en ajoutera une autour de la baie pour déterminer un des côtés des colonnes et le dessous de l'entablement ; on déterminera la hauteur des colonnes qu'on divisera en cinq parties égales, on en portera une en contre-haut, pour la hauteur de l'entablement, non compris la cymaise supérieure, pour trouver le sommet du fronton qui le couronne, et déterminer la pente ; on portera la saillie totale de la corniche par un quart de cercle, en contrebas sur l'axe ou milieu de la porte à un point a ; prenant ce point pour centre, on ouvrira le compas jusqu'en b, et de a on décrira l'arc bc, qui déterminera le sommet du fronton au point c sur l'axe de la porte.

La hauteur des entablements et celle des frontons varient suivant l'emploi qu'on en fait, la manière dont on les applique lorsqu'on élève un fronton sur une colonnade de 4, 6, 8, 12 colonnes ; le fronton doit diminuer de hauteur proportionnellement au plus grand nombre de colonnes sur lesquelles il est porté, et l'entablement doit prendre plus de hauteur, en égard à son étendue en longueur, afin qu'il conserve une proportion mâle et ferme, ainsi que la corniche rampante du fronton ; lorsque ce fronton n'est supporté que par deux colonnes, les proportions doivent être observées d'une manière inverse.

On observera aussi, pour règle générale, que plus il y aura de colonnes à un frontispice, plus on devra en resserrer les espacements pour assurer la solidité de la masse. Cette disposition sera conforme au bon effet qu'il devra produire.

Arcades sur colonnes simples.

Toutes les arcades ont de hauteur deux fois leur largeur, et par conséquent l'axe du cintre est à une fois et demie, et à la hauteur du sommet des colonnes.

Arcades sur colonnes accouplées.

Ce genre d'arcades forme des galeries en portiques et peut être employé à décorer des salles de bal, foires ou places publiques ; elles reposent sur une architrave supportée par des colonnes ioniques.

Portiques en arcades avec pieds-droits, moitié de l'ouverture de l'arcade, pouvant supporter un bâtiment fort élevé.

N° 1 : Ajustement d'un portique en ordre corinthien avec piédestaux pour une porte fort élevée, surmontée d'un fronton.

N° 2 : Ajustement d'un portique corinthien avec fronton et niche circulaire pour servir d'autel dans une église.

17

N° 3 : Ajustement d'un portique corinthien avec piédestaux surmonté d'un fronton circulaire, pour servir à décorer une croisée.

Balustrades, balustres.

Les balustrades sont des murs d'appui composés de petites colonnes nommées balustres, dont le fût a la forme d'une poire ; les colonnes sont élevées sur un socle et surmontées d'une tablette. On les emploie particulièrement à former des appuis de croisées, des terrasses, etc.

Quelquefois les balustrades servent à terminer un édifice et à masquer le comble ; on leur donne alors environ le double de la saillie de la corniche de l'entablement qu'elles surmontent.

Dans tous les cas, on divisera la hauteur des balustres en autant de parties égales qu'on voudra ; nous en avons donné dix-neuf au balustre de la proportion la plus lourde, dont on en prendra trois pour le socle sur lequel il repose, treize pour la hauteur du balustre, et trois pour l'épaisseur de la tablette ; les autres deviendront d'autant plus légers, qu'on diminuera l'épaisseur de la balustrade.

On détermine les proportions et le genre des moulures et d'ornements du balustre selon l'ordre d'architecture auquel on l'associe, sans autre règle néanmoins que celle du goût.

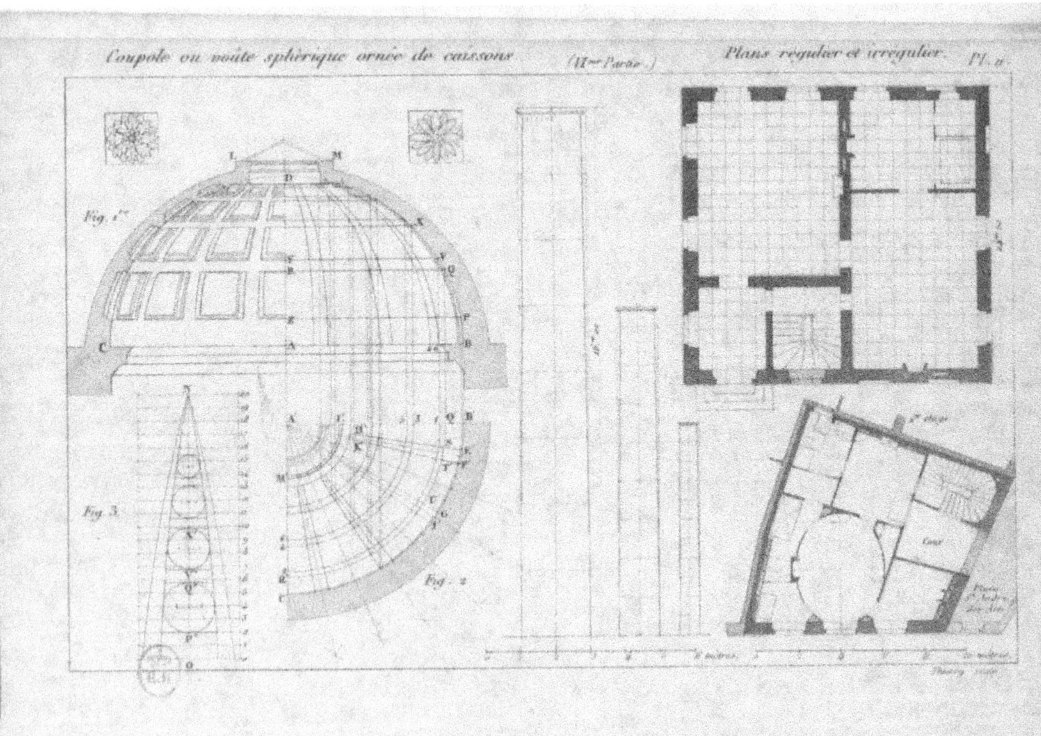

Coupole ou voûte sphérique ornée de caissons
(II.me Partie.)
Plans régulier et irrégulier.
Pl. 11.
Fig. 1.er
Fig. 3.
Fig. 2.

Planche 11.

Coupole ornée de caissons.

On nomme coupole la partie concave des voûtes sphériques qui surmontent, en général, les monuments, et même les salles dont le plan est circulaire; on orne ces coupoles de compartiments séparés par des côtes qui se coupent à peu près à angle droit. Ces compartiments se nomment caissons, panneaux ou cassettes, et affectent la forme d'un trapèze symétrique; on remplit ordinairement ces caissons d'ornements variés, tels que rosaces, groupes de fleurs ou de fruits, feuillages, arabesques, ou même des sujets en bas-relief.

La difficulté qu'éprouvent les personnes peu familiarisées avec la géométrie descriptive, pour tracer les projections horizontales et verticales des coupoles ornées de caissons, nous a engagé à donner quelques détails sur cette partie de l'architecture.

Tracé des caissons.

Soient les murs B et C, *Pl.* 11, *fig.* 1re, sur lesquels doit être construite la coupole; on joint l'extrémité de ces deux murs par une ligne droite BC, et du point A pour centre milieu de cette droite, on décrira une demi-circonférence de cercle, qui sera la projection verticale de la coupole; avec la même ouverture de compas, et d'un point A', situé sur la même verticale que le point A, on forme la projection horizontale B'C', *fig.* 2, qu'on divisera en autant de parties et demi-parties qu'on voudra avoir de caissons sur le quart de la circonférence E', F', G', I', etc.; de ces points on mène au centre A' des rayons E'H', F'K', qui se terminent à la projection horizontale L'M' de la lanterne LM, *fig.* 1re, que l'on pratique ordinairement au sommet de la coupole pour donner passage à la lumière.

Cette première opération étant faite, on divise le quart de cercle BD, *fig.* 1re, en un nombre assez considérable de parties égales, par exemple en vingt, qu'on porte sur une ligne droite NO, *fig.* 3; on prend la largeur d'une côte E'F', que l'on porte de O vers N au point P''; on porte ensuite de P'' vers N la largeur des caissons F'G', on porte les distances OP'' et PQ'' sur l'arc BD, *fig.* 1re, aux points P, Q; par ces points on abaisse des perpendiculaires qui viennent couper la ligne A'B', *fig.* 2, aux points Q', etc.; du point A' pour centre et A'Q' pour rayon, on décrit un quart de cercle qui coupe les rayons E'H', F'K' aux points S, T; on prend la distance S'T', *fig.* 2, que l'on porte de Q'' vers N, *fig.* 3, au point V'; ce sera la largeur de la deuxième côte horizontale; on porte ensuite de V' en N la distance T'U' au point X'; enfin, reportant ces distances sur l'arc BD, *fig.* 1re, on obtient les points V et X en menant des horizontales par les points P, Q, V, X. En continuant l'opération pour chaque caisson, on obtient les lignes PZ, QR, VY, etc., *fig.* 1re, qui donnent la largeur des côtes horizontales; en abaissant des points P, Q, V, X, etc., des perpendiculaires, on peut tracer les arcs de cercle 1...2, 3...4, etc., *fig.* 2, et par leurs points d'intersections avec les côtes E'H', F'K', etc., on mène des perpendiculaires qui coupent les horizontales, PZ, QR, etc., *fig.* 1re, en divers points par lesquels on fait passer des courbes 4...5, 5...6, et l'on obtient la projection verticale de la coupole ornée de caissons.

Il est fort essentiel que les élèves s'exercent à faire cette opération qui se présente souvent dans l'exécution des dessins d'architecture, et qui d'ailleurs les familiarisera avec la méthode des projections.

Diminution et renflement des colonnes.

La colonne est l'une des trois parties principales d'un ordre, elle en désigne le caractère et elle sert à déterminer les proportions de ses deux autres parties, comme nous l'avons déjà décrit précédemment. Nous dirons que la proportion colossale des colonnes doit produire un effet différent à notre vue que celle d'une bien plus petite dimension ; ainsi, comme on est convenu de diminuer le diamètre d'une colonne par le haut pour produire un effet gracieux, nous dirons avec conviction qu'une colonne d'une grande dimension n'aura besoin que d'une diminution moins sensible, puisque sa sommité s'éloigne de notre vue et tend à diminuer naturellement par l'effet de la perspective ; on pourra appliquer ce raisonnement aux détails qu'on aurait à faire sur un entablement élevé. Nous observerons qu'une colonne d'une grande dimension a besoin d'être d'une proportion plus mâle à mesure de son accroissement, parce qu'elle est destinée à supporter de plus grandes masses ; car une colonne d'une petite hauteur peut être d'une proportion aussi svelte que l'on voudra, attendu qu'elle est toujours assez forte pour supporter ses masses, étant d'une proportion décroissante.

et les colonnes qu'on emploie en menuiserie ne servent que de décorations. On observe aux colonnes que la diminution ne commence qu'au-dessus du tiers inférieur, qui s'élève parallèlement, et qu'à partir de ce point, les deux autres tiers diminuent par une courbure insensible, jusqu'à la partie supérieure. Les architectes italiens ont renflé les colonnes, depuis la base jusqu'au tiers, pour leur donner plus de grâce et les mettre plus en harmonie avec leurs compositions. Mais les Grecs ne les faisaient point renfler et les traçaient droites de bas en haut, en observant une diminution à la partie supérieure ; cela contribuait beaucoup à l'aspect mâle et ferme de leurs temples, quoiqu'ils fussent presque tous d'une petite proportion ; ils avaient soin de canneler leurs colonnes doriques lorsqu'elles étaient d'un gros diamètre, afin de les faire paraître plus légères. Les colonnes lisses ont aussi leurs beautés, surtout à l'ordre ionique, surnommé l'ordre femelle à cause de *ses volutes en tirebouchon*, qui, dit-on, ont été imitées de la chevelure d'une femme; les plus belles proportions des colonnes, pour les ordres romains, sont de sept fois le diamètre pour le fût de la colonne dorique, et de huit diamètres pour le fût de l'ordre ionique.

Distribution de plans régulier et irrégulier.

Nous avons appliqué l'étude du dessin linéaire au tracé des cinq ordres d'architecture qui en font partie, et même nous avons dit aussi que les règles des cinq ordres étaient non-seulement indispensables à un architecte, mais aussi à tous les artistes et ouvriers employés à la construction et à la décoration des bâtiments. L'étude des ordres d'architecture ne suffit pas aux constructeurs, bien qu'elle soit la base de cet art; les ordres ne sont applicables qu'à la décoration des édifices et des bâtiments. Mais la composition des plans est l'objet primitif de tout édifice ou bâtiment particulier, et l'on ne peut parvenir à produire ses idées et à en dessiner les formes, qu'en ayant étudié et pratiqué le dessin linéaire dont la distribution des plans fait aussi partie. On distingue en distribution deux sortes de plans: les réguliers et les irréguliers, comme nous les présentons sur la fin de cette planche. Lorsqu'un terrain est régulier, on peut carroyer le papier sur lequel on veut composer un plan; ces carreaux auront o^m,5o, et l'on en portera autant que le terrain aura de grandeur sur ces deux sens. Ces carreaux serviront naturellement d'échelle pour la grandeur des pièces, et les ouvertures des portes et croisées; on pourra aussi, par ce moyen, connaître la quantité de mètres superficiels que contient l'étendue du terrain. Pour les terrains irréguliers, cette méthode ne peut être mise en usage, et nuirait plus qu'elle ne servirait; pour les plans réguliers, on doit tracer en croquis son idée avant de la soumettre au papier carroyé.

FIN